AF224015

LES

PRÉVALONNAIS

SCÈNES DE PROVINCE

PAR

MLLE ZÉNAÏDE FLEURIOT

(ANNA-ÉDIANEZ)

TOME PREMIER

PARIS

AMBROISE BRAY, LIBRAIRE-ÉDITEUR

RUE CASSETTE, 20

CI-DEVANT RUE DES SAINTS-PÈRES

LES
PRÉVALONNAIS

OUVRAGES DU MÊME AUTEUR

Réséda, deuxième édition, 1 vol. in-12 . . . . .   2 fr.

Souvenirs d'une Douairière, deuxième édition,
  1 vol in-12.   1

Marquise et Pêcheur, 1 vol. in-12   2

Sans Beauté, deuxième édition, 1 vol. in-12 . . .   2

La Vie en famille, précédée d'une introduction
  par M. A. Nettement; deuxième édition, 1 vol. in-12.   2

Eve, deuxième édition, 1 vol. in-12   2

Une Famille brétonne, 1 vol. in-12, orné de
  4 belles gravures sur acier. Deuxième édition.
  Ouvrage pour l'adolescence.   3

Yvonne de Coatmorvan, 1 vol. in-12   2

Un Cœur de mère, 1 vol. in-12   2

Au Hasard, *Causeries et Nouvelles*, 1 vol. in-12 . .   2

ABBEVILLE. — IMPRIMERIE P. BRIEZ

LES PRÉVALONNAIS

SCÈNES DE PROVINCE

PAR

Mlle ZÉNAÏDE FLEURIOT

(ANNA-ÉDIANEZ)

TOME PREMIER

PARIS

AMBROISE BRAY, LIBRAIRE-ÉDITEUR

RUE CASSETTE, 20

CI-DEVANT RUE DES SAINTS-PÈRES

1865

LES PRÉVALONNAIS

SCÈNES DE PROVINCE

PREMIÈRE PARTIE

I

La Bretagne ne tient pas sur la carte de France une grande place, et cependant sous quels aspects différents ne se présente-t-elle pas aux yeux de celui qui l'a sérieusement visitée ! Elle est riche en beautés, et, ce qui est rare, elle en a pour tous les goûts. Une mer agitée creusant des rochers aux flancs nus, d'une majesté sauvage ; des grèves commodes encadrées dans un paysage aux lignes douces, baignées par des flots paisibles ; des landes arides, véritables steppes brûlantes l'été, mornes l'hiver, semées de sombres menhirs, ombragées par de noirs sapins, tapissées de bruyères ; des champs fertiles regorgeant de riches moissons, des forêts profondes où s'ébattent les chevreuils, les cerfs, les sangliers ; des villes populeuses et commerçantes ; de chétives et pittoresques bourgades, dont l'engourdissement ressemble à la mort ; des châteaux princiers et d'humbles manoirs ; des fermes opulentes et des cabanes d'argile. Ici du bruit, du mouvement ; là du silence, de l'immobilité. De ce côté d'un ruisseau la civilisation avec ses aplanissements ; sur l'autre rive, les usages immuables, les costumes vieillis, le rude dialecte. Au nord, des montagnes ; au sud, des plaines.

Dans ce qu'on appelle le fond des terres, dans cette partie montagneuse et boisée que les chasseurs de la plaine visitent à l'automne et dans laquelle le progrès, cet efféminé, n'avance qu'à pas lents, s'élevait, dans une position vraiment admirable, le bourg de Prévalon, un chef-lieu de canton dont les toits d'ardoises pouvaient se compter et qui, bien avant l'invention du macadam, n'avait eu recours au pavage que pour sa rue principale. De quelque côté qu'on se tournât, trois bonnes lieues de pays le séparaient d'une ville. Cet isolement lui avait donné une sorte d'importance, des foires célèbres dans tout le pays s'y tenaient trois fois l'an, et l'une d'elles s'appelait : Les moments brillants de Prévalon.

A Prévalon se rencontrait un abrégé de la société humaine, telle qu'elle se déploie sur de plus grands théâtres. Pour la haute et petite aristocratie, un château qui comptait parmi les merveilles architecturales de la province, et une gentilhommière de mince importance, habitée par une honorable famille qui s'éteignait dans le célibat. Pour la haute bourgeoisie, quelques ménages riches ou enracinés dans le sol prévalonnais depuis des siècles, et dont les membres occupaient traditionnellement certaines fonctions libérales ; dans ces familles se recrutaient les maires, les juges de paix, les médecins, les notaires, les conseillers généraux. La petite bourgeoisie était composée du commerce : trois débitants de tabac, un chapelier, un marchand tailleur, deux marchands de vins, des aubergistes et des maîtres ouvriers. Enfin venait le peuple légèrement vêtu, peu travailleur, ayant la vie facile et l'extérieur malpropre, une armée de lazzaroni déguenillés, qui se chauffaient du bois de la forêt et qui vivotaient en mendiant l'hiver et en se mêlant l'été aux travaux des champs.

Le monde officiel avait aussi ses représentants. Il y avait trois employés des contributions indirectes, un percepteur et un receveur de l'enregistrement, un homme du Nord ou du Midi envoyé à Prévalon pour la rémission de ses péchés, qui quelquefois s'y mourait d'ennui et quelquefois s'y amusait et en repartait marié. Ces personnages s'appelaient « les étrangers, » et ne se faisaient admettre que très-difficilement dans la société prévalonnaise. On désignait sous ce nom les habitants du château, quand le château avait des habitants, ce qui lui manquait au moment où s'ouvre cette histoire, ceux du manoir et ceux des maisons de haute bourgeoisie.

Trois gendarmes à cheval, manœuvrant à pied sous les ordres d'un brigadier, composaient la force armée. Ce n'était que les jours de Pardon que l'on voyait surgir la garde nationale. Les robustes gars de Prévalon paradaient alors avec des fusils tout à fait dissemblables de ceux qui sortent, de nos jours, des ateliers de Lefaucheux, et dans leur mince canon ils avaient préalablement enfoncé un gros bouquet. C'était joli, mais, il faut le dire, bien peu guerrier.

Ce jour là cependant ils prenaient l'air martial, et dans l'église ils plaçaient crânement leur chapeau sur l'oreille. Il y en avait qui, bien que ce fut réglementaire, trouvaient cela peu respectueux ; mais le commandant, un vieux soldat rentré depuis quinze ans dans ses foyers, n'était-il pas là le front chargé de cet énorme shako qui coiffait avant 1830 les défenseurs de la patrie, et qui était bien la plus lourde, la plus disgracieuse, la plus abominable coiffure qui se pût imaginer pour compléter un uniforme ?

Le commandant de la garde nationale de Prévalon mériterait bien à lui seul une description, quand l'orgueil du commandement sur la face, il se plantait devant son petit bataillon, paré de son vieil uniforme incomplet et terni, serrant la poignée d'un vieux sabre dont la lame rouillée n'avait plus d'éclairs. Ces journées glorieuses lui donnaient du bonheur pour toute l'année. Devant son établi de cordonnier, il en parlait avant et après. Pendant, il gardait le plus majestueux silence. Quand cet affreux shako se balançait sur sa tête amaigrie et dépouillée, on ne lui eût pas arraché un sourire. C'était certainement, à Prévalon, l'homme le plus imbu des idées guerrières, un vrai troupier de la guerre d'Espagne dont les jeunes conscrits allaient écouter les récits belliqueux. Son goût, dégénéré en manie, l'avait presque débaptisé. A Prévalon on eût demandé Jean Boulaire, que pas un enfant et pas un jeune homme n'eussent su de qui il s'agissait; mais Caporal, Jean Caporal, c'était différent. Il avait monté, dans l'armée française, jusqu'à ce grade éminent.

Le bourg de Prévalon en soi n'avait absolument rien que de très-vulgaire. Cependant on aurait pu remarquer que, la place étant vaste et les ruelles larges, l'air y cir-

culait librement. Il avait cet avantage sur bien des
petites villes plus importantes qui, pour mériter, sans
doute, le nom de cités, se créent des rues étroites et, en
pleine campagne, se privent de soleil. L'église aussi
méritait une certaine attention, et tenait bien sa place
d'honneur au beau milieu du bourg. Le vaisseau était
lourd, écrasé, mais une maîtresse vitre des plus magnifiques éclairait le chœur. La légèreté de ses meneaux
de granit, la délicatesse des dessins de la rosace, en faisaient un objet d'art fort apprécié par les connaisseurs.
Un peu à droite s'élevait la tour, une haute et fière
tour de pierre. Deux balustrades curieusement sculp-
tées, quatre clochetons, des ouvertures nombreuses
pratiquées pour lui donner de la légèreté, ajoutaient
l'élégance à la solidité. Se détachant sur la masse
feuillue de la forêt prochaine, ou se profilant sur le ciel
bleu, elle était vraiment belle à voir. Autour de l'église
il y avait un enclos ombreux planté de marronniers,
entouré d'un mur haut de deux mètres au dehors, ne
dépassant pas les herbes en dedans. Ici et là, entre les
troncs des marronniers, des pierres plates surgissaient
parmi le gazon ; contre les murailles grises de l'église,
quelques croix noires avec des caractères blancs éten-
daient leurs bras, et cela apprenait que ce frais enclos
auquel on arrivait par des escaliers de pierres assez

raides, était un cimetière. Si la mort n'inspirait pas à notre faible cœur un sentiment d'indomptable effroi, s'il repoussait énergiquement l'oubli, ce linceuil du souvenir, on aimerait à laisser reposer là, devant soi, mêles en quelque sorte à sa vie, ceux que l'on **a** bien aimés, à voir le soleil dorer leur tombe, et l'ombre la couvrir.

Que cette vue causât à son cœur une satisfaction mélancolique, qu'elle ne lui inspirât qu'un sentiment de tristesse qu'il ne tenait pas absolument à éprouver, ou qu'il y demeurât indifférent par l'habitude, il fallait bien que M. Joseph Roux Villeandré, notaire à Prévalon, la subît. La maison habitée depuis des siècles par sa famille se trouvait en face de l'église, et de toutes les fenêtres de la façade le regard pouvait se heurter à des emblèmes de mort. De celle de sa chambre il plongeait dans un enfoncement formé par le portail, et sur chacune des tombes qu'il voyait était écrit son nom, car là se trouvait la sépulture de sa famille, une des plus anciennes et des plus considérées de Prévalon. Au moment où le jeune notaire se présente pour la première fois au lecteur, il se trouvait dans cet appartement meublé avec l'austère simplicité particulière aux maisons aisées de ce temps là. Les meubles étaient vieux, mais solides et soignés, les ferrures de cuivre de la vaste commode paraissaient d'or, les draps du lit étaient d'une fine toile et éclatants de blancheur ; pas de luxe, mais une propreté et un ordre incomparables.

Joseph Villeandré était un homme de trente ans, d'une taille au-dessous de la moyenne, bâti comme un Breton de la vieille roche, épaules larges et hautes, buste épais, bras nerveux et longs, beaucoup de vigueur, mais peu de grâce. Ses traits étaient accentués, sa physionomie offrait un mélange de bonté et de rudesse, son œil brun, abrité sous une arcade sourcilière très-saillante, avait le regard terne et froid, mais son sourire était doux, seulement il souriait rarement. En ce moment surtout, son air était sombre, et une vive émotion était empreinte sur ses traits.

Il tenait à la main une lettre dépliée, et, le coude appuyé sur une petite table en bois de chêne, il la relisait sans cesse et s'absorbait ensuite dans une profonde méditation. La lettre contenait ces quelques lignes :

« Bien que très-pressé, mon cher Joseph, je ne puis me refuser le plaisir de t'apprendre que tu es grandement vengé des dédains de Mlle de Chateaunay. La mort de son père a anéanti les gros revenus, et adieu les beaux prétendants, ils ont fui à tire d'ailes comme une volée d'hirondelles au premier vent froid.

Je ne sais si maintenant elle ne regrettera pas dans son for intérieur ce pauvre jeune homme dont elle regardait d'un œil si dur le martyre. Tu dois, ma foi, être enchanté de ton malheur. Qu'aurais-tu fait à Prévalon de cette femme frivole? J'approuve fort ta résolution et je reconnais avec toi qu'une de tes fraîches cousines fera mieux ton affaire. A laquelle offres-tu tes hommages? Est-ce à la brune Laurence, à la joyeuse Clotilde? Tu me diras cela sans tarder, et, si je puis adoucir mon inspecteur au cœur de tigre, j'irai danser à ta noce à laquelle je me regarde comme invité. L'objet de ton ancienne admiration ne saura jamais ce qu'elle a refusé. Hélas! c'est une majesté déchue, et son malheur je t'en réponds, a peu de courtisans.

« Je te serre bien cordialement la main.

« ERNEST. »

Cette lettre n'avait pas paru produire positivement l'effet qu'on en eût attendu. Sur le visage pensif du jeune homme ne se lisait aucune expression de triomphe. On y aurait plutôt découvert une forte nuance de regret mêlée d'une espérance craintive qui osait à peine se faire jour. Pour expliquer ces contradictions, connaître la source du regret, le motif de l'espérance, il nous faut de toute nécessité ouvrir le livre de son passé et en lire quelques pages, à l'endroit où éclatent ces mots charmants ; première jeunesse.

II

Joseph Villeandré avait vingt-deux ans. Son père, après bien des hésitations, s'était décidé à le laisser aller faire son droit à Rennes. Il avait reconnu par expérience qu'il ne suffisait pas toujours pour être bon notaire d'avoir acquis par la routine une certaine connaissance des affaires, mais qu'il était bon d'avoir étudié sérieusement les lois. Aussi, quand Joseph, qui s'ennuyait à Prévalon, formula sa demande, elle lui fut accordée. Mais M. Villeandré était un homme de mœurs austères et de principes sévères, il craignait l'oisiveté pour son fils dans une grande ville ; il avait eu dans sa famille des étudiants peu réguliers, aussi mit-il pour condition que le jeune homme se ferait inscrire comme clerc chez le notaire

Chateaunay, un de ses amis de jeunesse qui habitait Rennes. Joseph en aurait accepté de plus dures pour échapper, au moins pendant quelque temps, à cette vie monotone de Prévalon qui pesait à ses vingt ans. Il partit après avoir promis à sa mère, dans un baiser, de ne pas oublier le chemin de l'église et de fuir les mauvaises compagnies ; à son père, de travailler sérieusement et de ne pas devenir dépensier. Il devait tenir cette double promesse. C'était un honnête et pieux garçon, timide à l'excès et plein d'horreur pour le mal. Il marcha d'un pas ferme dans le chemin qu'il s'était tracé, gardant envers les rieurs une contenance qui les tenait en respect, évitant avec une rare prudence et une intelligence remarquable les occasions dangereuses, se tenant en garde et mettant au service de ses convictions l'énergie de caractère dont il était doué.

Il était reçu dans la famille de Chateaunay, mais sa sauvagerie l'en éloignait ; et s'il était le premier rendu à l'étude, il était toujours le dernier arrivé au salon. A Prévalon il avait vécu en famille. Ce qu'on appelait « la société » était un composé de parents à un degré plus ou moins éloigné ; entre soi on ne se gênait pas. Dans les cercles étrangers il s'exagérait sa gaucherie et il se défiait trop de lui-même pour songer à acquérir cet usage du monde qui donne aux plus sots un certain vernis qui trompe les gens à la vue basse.

M. de Chateaunay était un homme léger, aimant le luxe et la bonne chère, possédé de la manie de se rendre important et visant aux honneurs administratifs. Mme de Chateaunay, femme d'esprit médiocre, embrassait avec un zèle ardent les idées de son mari ; elle eût donné dix ans de sa vie pour le voir ceindre l'écharpe aux trois couleurs, pour l'entendre appeler monsieur le maire. Ils avaient deux enfants, un fils de vingt-deux ans, qui faisait son droit en dépensant le plus d'argent possible, une jeune fille de dix-neuf, dont la beauté faisait tapage et révolutionnait les clercs de son père. Là surtout était dressé son plus solide piédestal. Ceux qui avaient des dispositions pour la poésie lui dédiaient des vers qui n'avaient plus souvent ni rime ni raison ; ceux qui avaient l'humeur batailleuse devenaient ses champions, quand on voulait lui opposer des rivales ; les plus timides soupiraient en secret et l'admiraient en silence. C'était toute une petite armée de soupirants qu'avait là la blonde Valentine. L'étude se trouvait au rez-de-chaussée et se composait de deux pièces. Au-fond le cabinet particulier de M. de Chateaunay où travaillait son premier clerc, un homme âgé fort peu sentimental ; et contre l'allée qui conduisait à l'escalier un grand appartement où se trouvait le menu fretin. Dans la cloison était percé un espèce de vasistas qui s'ouvrait pour le facteur et pour les chargés de commissions. Quand le frôlement d'une robe dans l'escalier, ou le murmure d'une voix au timbre clair annonçait le passage des dames de Chateaunay, il fallait voir les clercs se précipiter en se bousculant vers ce bienheureux vasistas toujours discrètement entr'ouvert. Le plus souvent on n'apercevait qu'un vêtement flottant, qu'un voile de dentelle, mais parfois aussi les yeux, dont le regard glissait par l'étroite ouverture, rencontraient une figure gracieuse et distinguée, resplendissante de fraîcheur. La vision évanouie, on reprenait sa place le plus doucement possible, et quand le maître clerc, dérangé par le bruit, montrait à la porte sa figure rébarbative, tout le monde était à son poste. Et le dimanche, il fallait les voir, glorieux et pimpants, se promener sur la place du Palais pour avoir le plaisir de saluer ces dames qui revenaient de l'église. Avec quelle habileté ils manœuvraient pour se trouver comme par hasard sur leur passage. Tout cela en réalité n'était que des enfantillages. Les clercs partaient et ne pensaient plus à Valentine, mais leurs successeurs recueillaient régulièrement l'héritage de leur admiration pour la fille du patron. Joseph Villeandré parut faire exception à la règle générale. Il y avait déjà deux ans qu'il travaillait dans l'étude, et son indifférence n'avait pas fléchi. Il ne se donnait pas la peine de se déranger pour courir au vasistas, il ne paradait pas sur la place le dimanche et s'éloignait seul pour aller se promener solitaire sous les grands arbres du Thabor. Et cependant au fond de son cœur avait germé un de ces sentiments profonds, sincères qui font le charme ou le malheur de toute une vie. Il ne l'affichait point, il le cachait soigneusement au contraire, car il aimait avec toutes les délicatesses des âmes jeunes. Certes son cœur battait bien fort quand le signal convenu avertissait les clercs du passage de Valentine qu'il avait été le premier à l'entendre venir, mais il ne suivait pas la troupe bondissante qui escaladait si vivement les tables et les chaises. Seulement arrivé toujours le premier, il montait une garde assidue près de cet œil indiscret ouvert sur le corridor, et quand Valentine passait il s'effaçait timidement et puis il se relevait pour la suivre des yeux. C'était là le bonheur de sa journée. Il ne paraissait pas souvent non plus dans le salon de M. de Chateaunay, retenu qu'il était par son indomptable timidité, et quand il assistait aux soirées que donnait le notaire il était rare qu'il osât solliciter près de Valentine l'honneur d'une contredanse. Il y allait pour elle, il y restait pour elle, et certes personne ne l'aurait soupçonné. De temps en temps dans le monde on mariait la jeune fille. Joseph alors devenait triste, malade et ne reparaissait à l'étude que quand la nouvelle était reconnue fausse. Il subit brillamment les épreuves de l'examen suprême et dut retourner pour quelques jours à Prévalon. Ce succès fut la dernière joie de son père qui se mourait d'une maladie de foie.

Devenu par sa mort possesseur d'une fortune indépendante et d'une étude de notaire fort lucrative, il osa, non sans tremblement, adresser une demande en mariage à M. de Chateaunay. La lettre qu'il lui écrivit était éloquemment touchante, il mettait naïvement son cœur à nu, il peignait la force, la profondeur, la puissance du sentiment que lui avait inspiré Mlle Valentine. On lui fit une réponse banale, on lui adressa un refus froid conçu dans les termes usités en pareil cas. Il n'avait pas été compris. Deux ans passèrent, et c'était en vain que sa mère, qui désirait ardemment le voir marié, lui désignait tour à tour toutes les jeunes filles qui à un titre ou à un autre pouvaient lui convenir ; c'était en vain que les vieux amis faisaient défiler devant lui tous les bons partis de l'arrondissement ; c'était en vain qu'il vivait parmi un essaim de jeunes parentes dont quelques-unes s'épanouissaient comme des fleurs à leur premier soleil, il ne se laissait ni convaincre ni toucher, et gardait une fidélité sans espoir à cette passion si pure de ses vingt ans. Une affaire assez importante l'ayant appelé à Rennes, il se trouva dans la nécessité de s'y rendre. Le jour même de son arrivée, il se rencontra chez l'un des chanoines de la cathédrale avec un de ses anciens camarades de l'école de Droit. C'était un jeune homme charmant, paresseux, intelligent qui s'était pris d'affection pour le grave breton et qui fut devenu son ami s'il n'avait pas fallu pour cela rompre avec les folles amitiés déjà contractées. Il était entré dans l'enregistrement et avait sa place dans les bureaux de Rennes. Dans la conversation il apprit à Joseph que les bruits les plus fâcheux couraient sur l'état des affaires de son ancien patron. Son fils Emile faisait de prodigieuses folies, et la belle Valentine, après s'être montrée très-difficile dans le choix d'un mari, risquait fort de demeurer fille, surtout si ce qu'on disait de la fortune de son père était vrai. Ces paroles causèrent à Joseph une émotion soudaine dont il ne put pas se rendre maître sur le champ. Devenue pauvre Valentine l'accepterait peut-être. Il fallut expliquer son émotion devant ce prêtre qui avait toute sa confiance, et cet ami qu'il savait homme d'honneur, il laissa échapper son secret et parla des espérances qui naissaient dans son cœur meurtri.

Le lendemain l'abbé Duchartrain se présentait chez M. de Chateaunay et en appelait du refus donné. Il y eût cette fois délibération dans la famille. La position modeste mais solide convenait au notaire aux abois et ce seul relâchement dans ses prétentions aurait donné la mesure de sa situation financière, mais Valentine refusa net. Devenir la femme de M. Villeandré, d'un petit notaire de campagne! Elle ne pourrait jamais s'y résoudre. La mère s'anima, jura ses grands dieux que sa fille ne serait pas sacrifiée ; et Joseph reçut un nouveau congé en bonne forme, mais cette fois accompagné d'un regret.

Il revint désespéré à Prévalon, puis prenant tout à coup une résolution énergique, il voulut essayer de se guérir. Il rompit avec la vie solitaire qu'il s'était faite, il chassa, il visita les familles des environs, il se mêla à toutes les fêtes, il accepta les honneurs municipaux, il se fit nommer successivement maire et conseiller général. Au bout de deux ans il se crut guéri et laissa sa mère tenter auprès des parents de la plus charmante de ses cousines une démarche qui eût un plein succès. Il aimait d'amitié sa cousine Laurence, son amie d'enfance, il voulut se persuader à lui-même que Valentine était oubliée et que son souvenir était mort dans son cœur. La lettre d'Ernest, vint, hélas ! lui prouver le contraire. Dans ce moment où son malheur avéré lui était révélé, il oubliait tout, son prochain mariage, sa cousine devenue sa fiancée, pour ne penser qu'à la possibilité de ressouder les anneaux brisés de sa chaîne, et un espoir vivace se levait jeune et fort parmi les ruines amassées comme à plaisir sur cette passion de jeunesse. Sous les cendres gisait une étincelle qui rallumait l'incendie.

Et c'était parce qu'il sentait la difficulté, l'étrange difficulté de sa position, que le jeune notaire était là effrayé lui-même du changement subit du cours de ses idées, et cependant impuissant à conjurer ces mouvements secrets d'espérance qui bouillonnaient en lui. Les heures passaient, et il laissait passer les heures. Après la réflexion viendrait l'action, et c'était l'action qui l'embarrassait.

Il en était là de ses perplexités, quand la porte de sa chambre s'ouvrit. Une vieille femme parut sur le seuil. Sa figure ronde et calme s'encadrait dans les tuyaux fortement empesés d'un bonnet de mousseline unie ; une robe, qui ne dépassait pas la cheville, et un châle croisé sur une taille replète, complétaient son costume.

— Joseph, dit-elle d'une voix grave et lente, il y a dans l'étude deux hommes qui t'attendent depuis une heure, mon enfant.

Et, remarquant la pâleur répandue sur les traits de son fils.

— Serais-tu malade ? demanda-t-elle affectueusement.

— Non ! répondit le jeune homme en se redressant sur sa chaise de l'air d'un homme qui vient de prendre une décision.

— Alors tu vas descendre.

— Quand je vous aurai parlé, ma mère ; j'ai besoin de vous parler.

Mme Villeandré ferma la porte et vint s'asseoir en face de son fils. Elle attendit sans curiosité apparente qu'il s'expliquât.

— Allons, Joson, dépêche-toi, dit-elle enfin, j'ai ma grande lessive, et, si je ne surveille pas mes lavandières, rien n'avancera, et pourtant il faut mettre le beau temps à profit.

Mme Villeandré ne représentait pas mal la femme forte telle que l'a peinte l'Ecriture.

Dévouée de cœur à ses devoirs, douée au plus haut degré du sens pratique de la vie, puisant dans des convictions religieuses solides cette sérénité impassible qui défie tous les troubles, toutes les épreuves, elle était regardée à Prévalon comme la plus haute personnification de la sagesse. Les conseils donnés par son expérience étaient accueillis comme des oracles, et, comme elle agissait toujours avec une prudente réserve et un sang-roid inaltérable, il était rare qu'elle se trompât. Elle vait été huit fois mère, et de cette nombreuse lignée il ne lui restait que le seul Joseph, son Joson, comme elle l'appelait avec la douce familiarité des jours de son enfance. Aussi comme elle l'aimait ce fils unique de ses entrailles, comme elle l'entourait de soins tendres, sans abdiquer toutefois le plus petit de ses droits maternels, sans compromettre jamais par une lâche complaisance l'autorité morale et la dignité que lui donnait son titre de mère.

Joseph, évidemment embarrassé, ne savait trop de quelle façon commencer sa confidence.

— Ce que tu as à me dire te coûte donc bien? dit la mère perspicace. A quoi bon biaiser ainsi? Dis-moi la chose franchement, clairement, comme tu la penses.

C'était ce qu'il y avait de mieux à faire. Joseph tendit à sa mère la lettre d'Ernest.

Elle la lût, et la lui rendit sans que son visage trahît la moindre émotion.

— Tu regrettes les engagements pris avec les Boisselet, dit-elle d'une voix calme, tu espères que Mlle de Châteaunay, t'acceptera cette fois, et tous les mauvais souvenirs sont revenus.

— Oui, c'est bien cela, murmura Joseph. Ma mère, je vous en prie, laissez-moi encore essayer, laissez-moi aller jusqu'à Rennes.

Mme Villeandré ne répondit pas sur-le-champ, elle se recueillait en elle-même, et une sorte de préoccupation pénible remplaçait la sérénité habituelle à sa physionomie.

Puis elle releva les yeux, et sans changer d'attitude elle dit :

— Mon cher enfant, la position est grave. Il y va de ton bonheur, et il s'agit de rompre un arrangement, ce qui amènera sans doute une des choses que j'ai toujours redoutées, une brouillerie de famille. Causons donc sérieusement, et pèse bien mes paroles. La main sur la conscience, penses-tu que Mlle de Châteaunay, c'est-à-dire une femme élevée dans une grande ville, habituée aux distractions, éloignée de tout l'ennui, de tous les soins du ménage, se trouvera heureuse ici, en supposant qu'elle t'agrée?

— Je l'espère, dit faiblement Joseph.

— C'est que, vois-tu, je connais un peu la vie, et j'ai reconnu qu'il est sage de se marier avec une personne qui a à peu près les mêmes habitudes et les mêmes goûts que soi. Je suis venue jeune femme à Prévalon, j'avais toujours habité la ville, et, malgré l'affection de mon mari, je ne puis te dire ce que j'ai souffert les premiers temps. Ma belle-mère était d'un caractère difficile, et n'entendait pas m'alléger le poids de mes obligations. Dieu me donna le courage d'accomplir mon devoir, je m'y attachai, et je ne crois pas y avoir jamais failli. Mais j'avais été élevée autrement que ces jeunes filles du monde, ignorantes de la vie sérieuse et incapables de goûter l'austère jouissance que donne le devoir accompli.

— Ma mère, dit Joseph, vous vous exagérez peut-être un peu les choses. Mlle de Châteaunay vaut assurément mieux que les quelques jeunes filles que vous avez pu voir. Je lui paraissais de si petite importance pendant que je travaillais dans l'étude de son père, elle était si éloignée de penser que je songeasse à elle, qu'elle ne se contraignait en aucune façon devant moi. J'étais là et elle oubliait ma présence, et je la voyais s'occuper de ses travaux d'aiguille et remplacer sa mère dans les soins du ménage. J'ai passé huit jours à la maison de campagne que son père avait auprès de Rennes. Elle s'y plaisait.

Mme Villeandré hocha la tête.

— Ceci regarde ton propre bonheur, Joseph, dit-elle ; mais, si cette démarche te tient à cœur, je ne m'y oppose pas. Je te demande seulement de ne rien précipiter, de prendre le temps de la réflexion et de ne songer à une rupture avec Laurence Boisselet que quand tu seras sûr de t'engager ailleurs. Ah ! je ne puis m'empêcher de te le dire, c'était là la femme qu'il te fallait. Quand comptes-tu partir ?

— Demain.

— C'est trop tôt. C'est aujourd'hui lundi, attends jusqu'à jeudi.

— J'attendrai.

— C'est bien, mon enfant, dit Mme Villeandré en se levant, et maintenant va t'occuper de tes affaires. Ces pauvres gens t'attendent depuis bien longtemps.

Elle sortit, et Joseph se rendit à son étude.

III

Le jeudi matin, il montait avec Mme Villeandré dans son cabriolet et se dirigeait vers la ville voisine. On savait à Prévalon qu'une affaire l'obligeait de partir pour Rennes. A la ville, il accompagna sa mère chez quelques-unes de leurs connaissances, il l'aida dans les mille et une commissions qu'elle avait à faire, et un peu avant six heures il se dirigeait avec elle vers l'hôtel des Messageries. Sa place était arrêtée, et il devait prendre la diligence du soir. Dans la rue, ils rencontrèrent tout un groupe d'habitants de Prélavon. En apercevant une jeune fille aux cheveux noirs, au teint brun, à l'œil vif, qui donnait le bras à un homme d'âge mûr, Joseph se mordit les lèvres.

— C'est donc ce soir que tu pars, Joseph ? lui dit-elle avec étonnement.

Et on voyait qu'elle pensait.

— Et tu ne m'en as rien dit !

— Je n'ai pas pu aller jusqu'au Chêne, Laurence, répondit-il avec un certain embarras, et mon absence sera d'ailleurs si courte, que je me suis dispensé de prendre congé.

— Seras-tu prête à revenir ce soir avec nous, Marianne ? demanda une vieille dame à Mᵐᵉ Villeandré.

— Certainement, toutes mes courses sont faites, et, la diligence partie, je monte en voiture.

— Eh bien ! nous t'attendrons, et nous pourrons bien d'ailleurs aller conduire Joseph.

— Ma tante, je regretterais que vous vous donnassiez cette peine, dit le jeune homme, qui craignait les questions.

— Une peine ! tu plaisantes. Allons, donne-moi ton bras, et pas tant de compliments.

Joseph, que la présence de Laurence gênait terriblement, s'empressa de saisir le moyen qui s'offrait à lui d'éviter un voisinage embarrassant, et précéda d'assez bonne grâce la petite troupe. En province c'est l'usage, les parents et les amis accompagnent le voyageur. On arrache à l'absence le plus de temps possible. L'absence ! cette ennemie des affections du cœur de l'homme ; cette cruelle ! sur les pas de laquelle se traîne souvent, hélas ! l'oubli.

Heureusement pour Joseph, la diligence n'attendait plus que lui. On échangea à la hâte des adieux, et il prit sa place d'intérieur entre une femme de bonne mine et un beau monsieur, porteur d'une paire de formidables moustaches, qui voyageait pour la parfumerie. Quand la lourde voiture s'éloigna, les habitants de Prévalon prirent à petits pas le chemin de leur hôtel. Laurence était pensive. Une seconde jeune fille, assez insignifiante de tournure et de figure lui avait pris le bras.

— Je ne sais pas s'il n'y a pas quelque chose sous ce voyage de Rennes, dit-elle à demi-voix. Personne n'en a rien su à Prévalon, et Joseph a un tout drôle d'air, ne trouves-tu pas Laurence ?

— Mais non, répondit Laurence, je lui ai trouvé son air ordinaire.

I.   2.

— Bah ! au fait, tu es peut-être dans la confidence ;
car enfin, au point où l'on dit que vous en êtes...

— Je t'assure, Clotilde, qu'il ne m'a rien confié du tout.

— C'est bien, cela te plaît à dire ainsi ; je vais un peu
voir si ma tante est aussi discrète que toi.

Ce fut avec un certain soulagement que Laurence vit
s'éloigner Clotilde. Sa cousine Clotilde, qu'elle aimait certainement beaucoup, était naturellement un peu bavarde,
et elles restaient fort bonnes amies sans qu'il existât
vraiment entre elles une grande intimité.

Ainsi qu'on peut le penser, rien n'avait échappé à la
pénétration toute féminine de la fiancée de Joseph ; ni
l'étrangeté de ce voyage subit, dont on ne lui avait pas
dit un mot, ni la préoccupation visible de sa tante, ni le
malaise du jeune homme.

A son retour, il faudra bien qu'il m'explique tout cela,
pensait-elle.

Joseph, sur la route de Rennes, se laissait aller aux
plus doux rêves d'avenir. Une fois parti, le souvenir
même de Laurence s'effaçait de sa mémoire. Autour de
lui les voyageurs s'endormaient, lui ne dormait pas.
Au commencement de la nuit, il avait, par une fraude
coupable, laissé tomber le vasistas qui se trouvait derrière lui. L'air frais rafraîchissait son front brûlant, et
son œil s'égarait sur la campagne éclairée par la lune.

Ce plaisir, car c'en était un pour lui, lui fut brusquement ravi.

Son voisin, le commis-voyageur, éternua tout d'un coup .avec une violence telle, qu'il réveilla une vieille femme de la plus maussade figure, placée dans un autre coin.

— L'infernale voiture! murmura-t-il en nasillant et en accélérant sa respiration, exercice qui avait pour but de lui faire retrouver la pureté de sa prononciation, le vent y entre de toutes parts.

— Monsieur s'enrhume du cerveau, je crois, dit la vieille femme d'un ton aigre; mais, s'il éternuait dans son mouchoir, il ne troublerait le sommeil de personne.

— Madame, c'est cet air maudit qui m'a moi-même réveillé, j'ai la figure glacée.

— C'est drôle, dit la vieille femme en dégageant sa face ridée des plis du châle qui lui enveloppait délicatement le cou et la tête.

Joseph essayait tout doucement de remonter la vitre, mais il tâtonnait et sa main ne rencontrait pas le ruban de cuir.

— Ah bien! monsieur, vous ne vous gênez pas, vous! s'écria avec fureur la vieille, qui venait de s'apercevoir que le vasistas était baissé. C'est comme si on ouvrait la nuit les fenêtres de votre chambre. Voilà monsieur qui s’est enrhumé ; et mon rhumatisme ! croyez-vous que cela lui convienne ?

— Ne criez pas si fort, dit Joseph impatienté, vous allez réveiller tout le monde. Le voilà fermé, n’en parlons plus.

— C’est pourtant désagréable d’être enrhumé, grommelait le commis-voyageur.

— Et de ne plus pouvoir dormir, ajouta la vieille femme ; je me sens à présent un ressentiment de mal de gorge qui vient de l’air frais, hum ! hum !

Joseph gardait un silence profond. Après une série d’éternuments dus à son voisin, quelques quintes de toux servies par son vis-à-vis en cornette, le calme se rétablit et rien ne troubla plus l’ordre jusqu’à Rennes.

Ils y arrivèrent vers quatre heures du matin. A cette heure, que faire dans une ville qui dort ? Il suivit le conseil que lui donnait la fatigue, demanda une chambre et se coucha. Son appartement était situé au fond d’une cour où n’arrivait aucun bruit, il était midi quand il se réveilla. Il se leva, dîna à la hâte et sortit. L’église de Saint-Germain était sur sa route, il y entra. Chacun dans ce monde, quand il prévoit qu’une crise qui peut décider de sa destinée est proche, supporte ce moment d’attente à sa manière et prend selon ses idées le moyen de se rendre le sort favorable.

Aux uns il faut du silence, aux autres de la dissipation, celui-ci prend conseil de ceux qui ont sa confiance, celui-là s'en rapporte à lui-même et discute en son propre esprit ses chances de réussite. Joseph était chrétien, il croyait à l'intervention de Dieu dans les affaires humaines, il s'humiliait devant sa toute-puissance. Aussi, dans ce moment décisif, sentait-il le besoin d'élever ses pensées vers le Dispensateur de toutes grâces, et la prière, une prière fervente, s'échappait de ses lèvres. Il sortit de l'église plein de confiance. A la porte, il rencontra un des amis de M. de Chateaunay, qu'il avait vu plusieurs fois chez lui. Ils échangèrent une poignée de main, et, non sans trembler un peu, Joseph parla de son ancien patron. Tout ce que lui avait mandé Ernest était vrai. A sa mort, ses affaires s'étaient trouvées dans le plus déplorable état, sa ruine était complète. C'était ce qu'il importait à Joseph de savoir. Une fois ces renseignements obtenus, il quitta son compagnon et s'achemina d'un pas ferme vers la demeure du notaire. Cette fois, il voulait parler lui-même. A la porte, il demanda Mme de Chateaunay. La servante répondit que ces dames recevaient seulement depuis la veille, et, le précédant, elle ouvrit la porte du salon. Il entra.

IV

Mme de Chateaunay était assise sur un canapé ; un des banquiers de Rennes, dont l'air était assez rogue, lui parlait. Elle lui répondait d'une voix entrecoupée, et en portant fréquemment son mouchoir à ses yeux. Valentine les regardait alternativement, elle était fort pâle et paraissait triste. L'entrée de Joseph fit changer le sujet de la conversation. A sa vue, Valentine échangea avec sa mère un regard étonné, et, après avoir répondu par un léger salut au salut profond qu'il lui adressa, elle demeura silencieuse, accordant toute son attention à ce que disait le banquier. Joseph n'en fut pas fâché, cela lui donnait le temps de recueillir ses idées et de dompter l'émotion qu'il éprouvait en revoyant, après six ans de séparation, cette femme dont l'image s'était si profondément gravée dans son souvenir. Valentine avait vieilli ; sur son front blanc quelques rides légères traçaient leurs plis, le carmin de ses lèvres avait pâli, son teint n'avait plus l'éclat de sa première jeunesse ; malgré cela, c'était encore une très-jolie femme, à laquelle ses vêtements de deuil seyaient fort bien. Et d'ailleurs qu'importait à Joseph, il l'aimait pour elle et non pas seulement pour sa beauté, il la retrouvait aussi charmante, parée de cette grâce, de cette distinction qui l'avaient captivé. Après quelques paroles échangées, le banquier partit ; Mme de Chateaunay répondit d'un air humble à son salut de départ, Valentine, par une inclination hautaine. Joseph se sentait pâlir, le moment de parler était venu. Heureusement qu'avec Mme de Chateaunay la conversation ne tombait jamais.

— Vous avez appris le malheur qui nous a frappés, monsieur, dit-elle. Nous pouvons le dire, nous avons tout perdu. Mais pourquoi vous le répéter, à vous, qui avez vécu trois ans dans son intimité ? Vous savez mieux que personne combien il était conciliant et facile à vivre.

— Certainement, madame, dit Joseph en s'inclinant.

— Et puis, cette mort si imprévue, un coup de foudre, n'est-ce pas, Valentine ?

Valentine écoutait d'un air résigné, et l'expression muette de sa douleur contrastait avec le chagrin bavard de sa mère.

— Il y a bien longtemps que vous n'étiez venu à Rennes, reprit la veuve ; je ne crois pas vous y avoir vu depuis l'époque où vous travailliez dans l'étude de mon pauvre mari.

Joseph regarda fixement Valentine et répondit d'une voix grave et émue :

— Pardon, madame, j'y suis venu une fois.

Valentine avait rougi, elle n'avait donc pas en ce qui le concernait aussi mauvaise mémoire que sa mère.

— Ah ! c'est juste, dit Mme de Chateaunay, qui s'aperçut enfin qu'elle disait des sottises. Vous y êtes depuis quelque temps peut-être. Cet horrible événement a tellement brouillé toutes mes idées dans ma pauvre tête, que la plupart du temps je ne sais plus ce que je dis. J'ai pu vous voir à Rennes ces temps derniers et maintenant ne plus m'en souvenir.

— Je ne suis arrivé que de ce matin, madame ; la nouvelle de la mort de M. de Chateaunay m'est parvenue à Prévalon, c'est à-dire à quarante lieues de Rennes.

Mme de Chateaunay le regarda visiblement inquiète.

— Auriez-vous encore des relations avec l'étude ? demanda-t-elle vivement, il faudrait alors vous adresser au successeur de mon mari.

— Ce n'est point une affaire de ce genre dont j'ai à vous entretenir, madame, se hâta de répondre Joseph.

— Tant mieux, fit-elle avec un soupir de soulagement, car, voyez-vous, je n'en peux plus de ces tracasseries : on sait bien que je ne suis plus qu'une pauvre veuve sans défense, et on m'en suscite de tous les côtés.

Mme de Chateaunay était de bonne foi, en parlant des tracasseries qu'on lui suscitait. Elle appelait ainsi les réclamations des créanciers de son luxe et de celui de son fils réclamant leur argent, celles des familles s'enquérant des sommes confiées à l'honneur du notaire. Elle avait mal mené sa barque, elle sombrait, et, debout sur les débris, elle accusait les nuages, les flots, le ciel, tout plutôt que sa propre imprévoyance. Si le pilote qui tenait le gouvernail avait été habile et prudent, le naufrage n'aurait pas eu lieu, car il n'y avait pas eu d'orage, et un vent propice avait toujours enflé ses voiles.

Une fois rassurée sur les intentions de Joseph, elle lui demanda d'un air affable en quoi elle pouvait lui être agréable.

Le jeune homme regarda Valentine pour se donner du courage et adressa sa requête. Sa timidité avait soudain disparu. Il se fit l'avocat de sa propre cause, et trouva dans son cœur des paroles vraiment éloquentes.

En l'écoutant, la figure de Mme de Chateaunay devenait radieuse, Valentine le regardait profondément surprise. Elle n'avait jusque-là accordé aucune attention sérieuse à ce prétendant éloigné qui lui était demeuré parfaitement indifférent. Il se représentait dans une circonstance douloureuse, alors que d'autres l'abandonnaient, et il venait lui offrir cette affection constante et dévouée que ses dédains passés n'avaient pu affaiblir. Pour une femme du monde, habituée à voir l'égoïsme régner en maître dans bien des cœurs, et les sentiments s'évanouir devant la supputation d'une fortune, il y avait de quoi s'étonner.

Quand Joseph se tut, Mme de Chateaunay se tourna vers sa fille :

— C'est à toi de répondre, Valentine, dit-elle. Je n'ai jamais voulu contrarier tes goûts; mais, je l'avoue, si tu repousses l'honorable demande de M. Villeandré, j'en éprouverai une peine réelle.

Valentine baissa les yeux.

— Je suis aussi touchée que vous, ma mère, dit-elle d'une voix émue, de cette preuve d'un attachement que tout me porte à croire sincère; mais il serait bon, avant de s'engager plus avant, d'avertir M. Villeandré des événements qui...

— De quels événements ? interrompit Mme de Chateaunay avec hésitation. Toutes ces affaires s'arrangeront. On sait ce que produit la mort d'un homme d'affaires, tout en est bouleversé ; mais patience, les créances rentreront, le jour se fera, et notre fortune sera à peine compromise.

— Malheureusement, je ne le crois pas, répondit Valentine, et la visite que nous venons de recevoir ne me laisse aucun doute à cet égard. Or je ne répondrai pas à la délicatesse, au désintéressement de M. Villeandré, par un mensonge.

Et, relevant sur Joseph ses yeux bleus au regard triste et doux, elle ajouta d'une voix ferme :

— Ne craignez pas de retirer une demande imprudente, monsieur. Il est temps de reculer, vous avez appris la mort de mon père ; mais vous ignoriez sa ruine, elle n'est que trop certaine.

— Je ne l'ignorais pas, mademoiselle, c'est pour cela que je suis venu, répondit simplement Joseph, qui, pénétré de sa propre indignité, trouvait tout naturel de ne se voir accepté qu'en considération des compensations que sa fortune pouvait offrir à Valentine.

— Bien répondu, monsieur, s'écria Mme de Chateaunay ; vous lui prouverez enfin, à cette petite entêtée, qu'on n'épouse pas une femme pour son argent. D'ailleurs elle en dit trop, beaucoup trop, nous verrons bien ; et, si Émile peut prendre en main les affaires de son père, vous reconnaîtrez qu'elle a exagéré la gravité de notre situation. Eh bien ! Valentine, il me semble que tu pourrais, sans plus tarder, donner à M. Villeandré une réponse quelconque.

— Si vous priiez M. Joseph de venir partager, ce soir, notre dîner ? répondit Valentine dont l'air était grave.

— Mais certainement, faites-nous donc ce plaisir là, monsieur. Nous serons sûrs de ne pas être dérangés, et nous causerons à l'aise. Nous nous mettrons à table à cinq heures précises, c'est accepté, n'est-ce pas ?

— Avec reconnaissance, madame, dit Joseph.

Et il prit congé. Quand, sans écouter un mot de ce que disait Mme de Chateaunay, qui lui recommandait d'être exact, il s'inclina devant Valentine, elle lui dit avec un accent qui lui ravit l'âme :

— Quelle que soit ma décision, monsieur, laissez-moi vous dire à l'avance que vous avez toute mon estime.

Quand il se trouva dehors, il aspira l'air à pleins poumons, son cœur gonflé d'espérance se trouvait à l'étroit dans sa large poitrine.

V

L'occupation importante de ménage qui occupait
Mme Villeandré le jour où elle avait reçu la confidence de
son fils n'avait pas suivi son cours régulier. Le temps
s'était montré contraire, et c'était pour la bonne dame une
véritable peine que de voir les trésors de ses armoires,
son linge, le plus beau linge de Prévalon, porté et reporté
dans la lande, où il devait sécher. Le vendredi, elle eut
enfin la consolation de le voir roidir sur les touffes d'a-
joncs en fleur. Debout, comme un général d'armée au
milieu de ses bataillons, elle surveillait les femmes au
front hâlé, aux jambes nues, qui avaient mission de le
secouer, de le réunir en paquets et de le transporter à la
maison. Elle faisait elle-même le triage, malgré les rayons
brûlants qui lui tombaient d'aplomb sur la tête. Le
samedi, la besogne peu fatigante pouvait se faire à l'om-

bre ou dans la maison. Les lavandières devenues plieuses étaient à l'œuvre. Mᵐᵉ Villeandré ne les surveillait plus que de loin en loin. Retirée dans une des chambres du premier étage, elle s'occupait à placer dans de grandes armoires vides, ouvertes à deux battants, le linge empilé autour d'elle, qui séché en plein soleil sur les ajoncs ou sur l'herbe odorante, répandait une sorte de parfum très-agréable à respirer.

Elle venait de remplir une des armoires, son œil caressait ces piles blanches et parfaitement régulières, et ses doigts passaient machinalement entre la dernière bâtie, quand la porte de l'appartement s'ouvrit vivement. C'était Joseph. Il avait renversé une forteresse de draps de lit, enjambé deux ou trois autres monticules et était venu se jeter au cou de sa mère avant même qu'elle eût songé à se retourner pour voir qui arrivait.

Il faut le dire, le linge fut oublié, elle embrassa tendrement son fils, et, levant son œil calme sur son visage radieux :

— Je vois que tout va bien, dit-elle doucement.

— Oh ! ma mère, dit Joseph.

— Ainsi tu es heureux, mon enfant ?

— Plus que je ne puis le dire.

— Dieu en soit loué ! Assieds-toi là, pas sur mes draps de lit, malheureux, et raconte-moi comment cela s'est passé.

Joseph lui tendit une chaise, en prit une, et séance tenante devant l'armoire ouverte, au milieu des piles embaumées, il commença son récit.

Il raconta ce que l'on sait déjà, et puis le dîner suivi d'une soirée passée entre la mère et la fille, à l'issue de laquelle il avait été positivement agréé. Il était reparti le matin suivant pour apporter de bonnes nouvelles et s'entendre avec sa mère au sujet de la famille Boisselet.

— Et c'est de bon cœur qu'elle accepte de venir demeurer à Prévalon? demanda la vieille dame.

— Oui, et cependant j'ai suivi votre conseil. Je lui ai donné une idée peu riante de la vie à la campagne, je lui ai peint Prévalon comme un affreux bourg, que ceux qui y étaient nés aimaient, mais qui paraissait inhabitable aux étrangers. Elle connaît aussi le chiffre exact de ma fortune. Elle m'a répondu avec une grande délicatesse que, ne m'apportant que peu de chose, elle n'avait pas le droit d'être exigeante.

— Ainsi, son père est vraiment ruiné?

— Oui ; on retirera du naufrage une pension pour sa veuve, voilà tout.

— Hum! s'il est vrai que les jeunes gens d'à présent ne rêvent que grosses dots, on ne peut vraiment t'adresser ce reproche, mon pauvre Joseph. Je te trouve même un peu imprévoyant. Enfin, ta petite fortune est solide, il ne tient qu'à toi de l'augmenter, donc il ne faut pas trop crier. Elle a un frère, je crois, que fait-il?

— Il vient d'être nommé substitut du procureur du roi à Savenay.

— C'était autrefois un assez triste sujet.

— Il dépensait beaucoup ; on assure qu'il s'est bien rangé, sa mère du moins le dit.

— Et la mère, que deviendra-t-elle?

Joseph parut embarrassé.

— Il serait vraiment triste pour elle d'habiter Rennes seule, dit-il en hésitant. D'un autre côté, elle ne s'est jamais séparée de sa fille, j'ai donc pris sur moi de lui dire, sauf votre consentement, que vous la verriez avec plaisir venir habiter Prévalon.

— Prévalon, répéta Mme Villeandré avec une pointe d'impatience, et où la mettras-tu, à Prévalon?

— Chez vous, maman, si vous voulez bien la prendre en pension. Ce sera une compagnie pour Valentine et pour vous aussi.

— Oh! moi, je me passe bien de compagnie, murmura la mère plus inquiète qu'elle ne voulait le laisser paraître. Ma bru, passe encore ; mais cette dame!

— Je vous assure, maman, que c'est une excellente femme, dit vivement Joseph, qui aurait volontiers assuré en ce moment que la terre était plate.

Mme Villeandré leva doucement les épaules.

— Malgré tes trente ans, tu n'es qu'un enfant, mon pauvre Joseph, dit-elle.

Et reprenant son ton sérieux :

— Ah ça, comment en finir maintenant avec les Boisselet? demanda-t-elle.

Joseph, sur cette question brûlante, se leva.

— Il est certain que tu dois être fatigué, dit la mère indulgente ; tu pars, je le veux bien ; mais tiens, en passant, relève un peu cette pile de draps que tu as renversée.

Joseph obéit.

Quand il fut sorti, Mme Villeandré reprit son travail de l'air placide qui lui était habituel ; cependant un observateur attentif eût remarqué entre ses soucils grisonnants un pli qui assombrissait singulièrement sa physionomie. Ses bras se levaient avec une régularité mécanique et le linge se rangeait, mais on eût pu constater que la surface des piles déjà faites offrait une plus harmonieuse symétrie : c'est que maintenant, si les doigts travaillaient, l'esprit était ailleurs.

Le lendemain était un dimanche. Ce jour-là la société se réunissait après les offices. On se souhaitait le bonjour à la porte de l'église, et puis on se promenait ensemble. Les choses se passèrent comme d'habitude. Les jeunes gens, qui n'assistaient pas toujours régulièrement aux vêpres, se promenèrent en attendant la fin sur la place avec les employés du gouvernement. Cela procurait à ceux-ci l'avantage de saluer ces dames quand elles se présentaient en un groupe serré à la porte du cimetière, et de faire admirer aux jeunes filles le bon air que leur donnait une tenue plus soignée que d'habitude. Mme Boisselet fut surtout très-profondement saluée et on s'inquiéta de sa santé avec le plus tendre intérêt. Ce n'était pas seulement pour les beaux yeux de Laurence, qui en ce moment était fraîche comme une rose du Bengale et qu'on savait, que ne sait-on pas à la campagne, promise à son cousin; mais il y avait auprès du Chêne une petite chapelle dédiée à la Vierge, dont on faisait le pardon, et chacun d'eux espérait que Mme Boisselet, en châtelaine bien apprise, les inviterait à la collation qu'elle n'avait pas manqué de préparer pour sa famille et ses amis. Cela leur donnerait le droit de s'adjoindre à la petite société, de faire danser les jeunes filles, de passer en un mot une agréable après-midi.

Ils descendirent la place en surveillant de l'œil la physionomie de la mère de Laurence, à laquelle d'ailleurs ses fils prodiguaient des signes d'intelligence fort expressifs. Le plus jeune, se figurant qu'elle ne comprenait pas, se glissa à ses côtés et lui donnant un peu cavalièrement un coup de coude adouci par le respect, et qu'il crut imperceptible malgré la grimace de douleur qui le suivit.

— Maman, lui souffla-t-il, ils attendent que tu les invites.

En ce moment on allait quitter la place et prendre le chemin qui menait au Chêne. Pour justifier l'impromptu de son invitation, Mme Boisselet avait à dessein attendu cet instant. Elle l'adressa fort gracieusement; elle fut immédiatement acceptée, et les jeunes filles charmées de ce renfort de danseurs marchèrent légèrement à l'avant-garde.

Mme Villeandré, en entendant inviter les étrangers, avait échangé avec Joseph un regard désappointé.

Le matin on avait encore agité la grande question de la rupture, et après bien des plans proposées, puis rejetés, Joseph avait dit :

— A quoi bon chercher des chemins détournés, Laurence est une bonne fille qui m'aimera toujours comme son cousin, je lui dirai tout simplement la vérité et je suis sûr qu'elle se montrera indulgente. C'est aujourd'hui le pardon de Notre-Dame-du-Chêne, j'aurai vingt fois l'occasion de lui parler seul.

Cette invitation leur semblait devoir contrarier leurs projets; les étrangers admis, on ne pouvait plus compter sur l'intimité particulière aux réunions de famille. Pour comble de malheur , il y avait là un voisin, un jeune homme blond, qui se rapprochait le plus souvent possible de Laurence et qui surtout ne la perdait guère de vue; comment tenter une conversation sérieuse avec un pareil argus!

On arriva bientôt au Chêne, une maison basse et longue, placée dans le pli de la vallée et entourée d'assez beaux bois. La collation fut servie, on se reposa et puis on repartit.

Les jeunes filles avaient faim de danse plutôt que d'autre chose. Pour arriver à la petite chapelle on suivait un étroit sentier qui côtoyait la rivière, et puis il fallait monter, monter toujours.

Dans ce chemin difficile les messieurs firent les empressés. Chaque femme accepta le bras de son voisin. Joseph offrit le sien à Laurence; la route était étroite, on ne montait que deux à deux, le jeune homme blond soutenait Mme Villeandré, de cette façon les deux jeunes gens allaient pouvoir causer.

Ce fut Laurence qui provoqua l'explication tant redoutée.

— Joseph, sois franc, dit-elle à demi-voix, ce n'est pas pour une affaire ordinaire que tu as fait ce voyage de Rennes. Tu ne m'en avais pas parlé, tu étais triste, préoccupé, tu me fuyais. Et puis, tu reviens, ta tristesse s'est changée en joie, tu es absorbé, tu n'es plus le même avec moi ; je ne sais quelles pensées t'occupent l'esprit, mais comme j'ai bien un peu, je pense, le droit de les connaître, j'use de mon droit.

.— Et tu as raison, Laurence, répondit le jeune homme avec émotion. L'aveu que j'ai à te faire est très-pénible, je compte beaucoup sur ton indulgence, car je tiens avant tout à conserver ton amitié.

Il se tut un instant et reprit :

— J'avais consenti dans la sincérité de mon cœur à la démarche que ma mère a faite auprès de tes parents, et cependant, pardonne-moi de te le dire, j'avais toujours pensé au fond de mon cœur à une autre femme que je croyais à jamais perdue pour moi.

Il s'interrompit encore. Le bras de Laurence tremblait sous le sien.

— Continue, dit-elle en pâlissant.

— Eh bien, j'ai appris que tout espoir ne m'était pas ôté, qu'elle était encore libre et j'ai eu peur, car je ne me suis pas senti le courage de l'oublier.

— Et cette femme c'est Mlle de Chateaunay, balbutia Laurence.

— C'est elle. Je n'étais pas encore irrévocablement engagé et je n'ai pas voulu te donner un cœur qui ne t'eût pas appartenu tout entier. A ma place, n'aurais-tu pas agi ainsi ?

— Je ne sais, dit Laurence froidement, mais je te remercie de ta franchise. Nous avions fait un rêve, voilà tout, qu'il n'en soit plus question.

Et elle retira son bras.

— Tu m'en veux, Laurence, murmura tristement Joseph, j'ai été lâche, c'est vrai, mais on ne commande pas à son cœur. Si je ne l'avais pas connue, je t'aurais aimée, et je souffrirai cruellement si je perds ton amitié. J'avais mieux espéré de ta générosité, cousine ; j'avais osé compter sur ton pardon.

Laurence, qui avait baissé son voile pour cacher les larmes involontaires qui lui venaient aux yeux, se sentit désarmée par la tristesse vraie de cet accent. Elle se rapprocha du jeune homme, et, appuyant de nouveau son bras sous le sien :

— Mon pardon je te l'accorde plein et entier, dit-elle affectueusement. Je croyais que tu avais depuis longtemps renoncé à Mlle de Chauteaunay ; aussi faut-il excuser ma surprise. Quant à t'ôter mon amitié, peux-tu penser que cela soit possible ?

— Tu es bien bonne, Laurence, et l'aimeras-tu aussi elle, Valentine ? demanda Joseph avec le plus naïf égoïsme.

— Je l'espère, dit la généreuse fille, si toutefois, ajouta-t-elle avec un triste sourire, elle ne dédaigne pas l'affection d'une campagnarde telle que moi.

— Laurence, te voilà comme ma mère, qui se figure que parce que Valentine arrive en droite ligne de Rennes, elle devra mépriser tout Prévalon. Elle a trop de cœur et trop d'esprit pour cela. Oh! comme vous reviendrez de toutes ces petites préventions, quand vous la connaîtrez! Comme vous admirerez ce mélange de distinction, d'élégance et de gracieuse simplicité, qui donne tant de charme à toute sa personne! Comme vous l'aimerez!

Quand vous la connaîtrez, disait-il gravement. La connaissait-il lui-même? A l'entendre, on aurait pensé qu'il l'avait bercée enfant dans ses bras, ou qu'il existait entre eux les relations confiantes et anciennes qui l'attachaient à ses cousines de Prévalon.

Laurence avait levé sur lui son œil noir, encore tout humide.

— Comme il l'aimait, comme il l'aime! pensait-elle, non sans amertume.

Mais, au fond, cette certitude adoucissait singulièrement la douleur qu'elle avait tout d'abord ressentie. Elle se disait que, puisque Joseph pensait à Valentine de Chauteaunay, alors qu'elle-même n'était encore qu'une enfant; il valait mieux, de toute façon, qu'il reculât à temps. Le premier moment passé, elle prit bravement son parti. Dans le futur, il y avait le cousin, l'ami ; le cousin était presque aussi aimé que le futur, et le cousin restait.

— Il faut maintenant songer à faire accepter ce changement à mes parents sans les fâcher, reprit-elle.

— Voilà ce qui nous inquiète, ma mère et moi, murmura Joseph. Mon oncle, je le crains, ne se montrera pas aussi accommodant que toi, et n'entrera jamais assez dans les délicatesses de notre situation.

— Mon père ! il ne te pardonnerait jamais, répondit Laurence. Ce n'est pas qu'il y tienne, car il m'a ·laissée parfaitement libre ; mais les choses une fois commencées, il voudra qu'elles s'achèvent, et tes raisons que je comprends, que j'approuve, lui paraîtront une insulte. Il faudra que nous trouvions un moyen de présenter l'affaire sous le jour le plus favorable. J'y penserai, je demanderai conseil à maman, et nous nous en tirerons aussi bien que possible. N'en parlons plus, car voici M. Dartel qui accourt.

C'était le jeune homme blond, qui, s'étant empressé de hisser au haut de la côte, en moins de temps possible, Mme Villeandré, au risque de l'essouffler outre mesure, arrivait le front couvert de sueur, la respira-

tion haletante et grandement inquiet de la lenteur cal-
culée avec laquelle les deux jeunes gens exécutaient
leur ascension. Sur le plateau, tout le monde se re-
trouva. Les vieilles dames prirent cinq minutes pour
respirer, et puis ou s'avança vers la petite chapelle dont
on apercevait le fin clocher à travers les chênes auxquels elle devait son nom.

C'était un bien petit pardon que celui de Notre-
Dame-du-Chêne. L'église s'élevait solitaire au milieu
d'une esplanade gazonnée, qui, n'étant jamais foulée
que par les habitants aux pieds légers de la forêt voisine, s'étendait verte, fraîche comme la prairie bien
peignée d'un jardin anglais. Biches, chevreuils et liè-
vres avaient, ce jour-là, cédé la place aux Prévalonnais et s'étaient enfoncés dans les allées profondes de
la forêt. Il n'était pas rare de voir apparaître, au coin
d'un chemin, la tête curieuse d'un lapin. Les oreilles
dressées, il regardait une seconde les usurpateurs, et
puis il détalait bien vite poursuivi par une bande d'enfants. La fête était dans tout son entrain quand la société de Prévalon déboucha sur l'esplanade. Auprès de
la chapelle stationnaient des pélerins, d'autres descen-
daient les quelques marches de pierre d'une fontaine
grossièrement sculptée et faisaient les ablutions d'u-
sage. De l'autre côté, on dansait au son d'une flûte

aigre et d'un tambour. Dans le chemin, une tonne de cidre se dressait sous les arbres, et les bols de faïence grossière circulaient.

Mme Boisselet, qui conduisait la petite troupe, alla tout d'abord à la chapelle. On murmura une prière devant la statue de Notre-Dame-du-Chêne, parée de fleurs qui comptaient bien des printemps, puis les jeunes filles distribuèrent quelques pièces de menue monnaie aux infirmes accroupis autour de la fontaine. La part de Dieu et celle des pauvres étant faites, on ne songea plus qu'à s'amuser. La société de Prévalon avait toujours dansé à Notre-Dame-du-Chêne, et la jeune génération n'avait garde de ne pas imiter ses devanciers.

Louis Dartel avait pris ses mesures en tacticien habile et fut le premier danseur de Laurence. Un moment, Joseph qui dansait vis-à-vis, se trouva près d'elle.

— Je te prie de ne m'inviter qu'une fois à danser, et je refuserai, dit-elle à voix basse, notre fâcherie datera d'aujourd'hui ; car, j'y ai songé, il faut que nous paraissions un peu fâchés.

Joseph comprit la générosité de l'intention et obéit ponctuellement. Il dansa peu, et, pendant que Louis Dartel accablait Laurence de politesses empressées, debout, appuyé contre le tronc d'un hêtre gigantesque qui couvrait de son ombre la tapisserie assise en plein vent, il rêvait à Valentine.

Les parents assis fort commodément sur le revers d'un fossé, devisaient entre eux. Auprès de Mme Villeandré s'asseyait un homme aux favoris grisonnants : c'était M. Boisselet, le père de Laurence.

— Le jeune Dartel a-t-il fait vœu de ne danser qu'avec ta fille, Jacques? dit tout à coup la vieille dame avec un sourire forcé.

— Il est de fait qu'il ne quitte pas plus Laurence que son ombre, répondit le père en riant.

— Je t'assure qu'il en tient ; je n'y vois plus très-clair en ces sortes de choses, mais je ne suis pas encore aveugle. Un beau parti que ce petit Dartel, Jacques.

— Oui. Diable! il sera riche.

— Et avec cela, il est bien et bon enfant, du moins Joseph me l'a dit. S'il s'avisait de penser sérieusement à Laurence, est-ce que tu n'aurais pas une petite idée de regretter les engagements pris, là, franchement, avoue-moi cela.

— Non, ma tante. Joseph est un brave garçon que j'aime beaucoup, je lui ai promis ma fille, il l'aura. Si je devais avoir des regrets, je n'aurais pas autant tourmenté ma femme qui hésitait, parce qu'elle n'aime pas les mariages entre proches parents.

— Et en cela, elle a peut-être raison, mon cher ami.

— Dans tous les cas, ma tante, c'est un peu trop tard le reconnaître.

En ce moment, Mme Boisselet s'approcha d'eux :

— Ne trouvez-vous pas étonnante la conduite de nos futurs, dit-elle en riant et à demi-voix, sûrement il y a déjà grabuge dans le ménage.

— Ce serait trop tôt, dit Mme Villeandré ; mais je ne puis m'empêcher de croire, qu'en effet, ils se boudent. Laurence parait trouver fort aimable le petit Dartel, et ne danse qu'avec lui.

— Ce dont Joseph ne paraît pas le moins du monde jaloux, riposta Mme Boisselet, toujours sur le ton de la plaisanterie.

— Bah ! est-ce que cela en vaut la peine ? dit M. Boisselet. Vous autres femmes, vous détaillez tellement les choses, que vous faites des montagnes avec des grains de sables : s'ils sont brouillés, ils se raccommoderont, parbleu !

— Nous n'en doutons pas, dirent les deux mères.

Le plan combiné par Laurence avait produit l'effet désiré ; on avait fait le premier pas sur le terrain brûlant sur lequel elle voulait les voir s'avancer sans que la vieille amitié en reçût une atteinte sérieuse.

Quand le soleil couchant apparut entre les arbres

comme une fournaise ardente, de laquelle s’échappaient des rayons éblouissants, pareils à des flèches d’or qui perçaient le feuillage et semblaient allumer un incendie dans ce coin de la forêt, on songea à regagner Préva- lon. Arrivée devant le chemin échelle qui descendait au Chêne, la petite société se fractionna, la famille Bois- selet regagnait son logis. Par un calcul d’un machiavé- lisme féroce, Louis Dartel avait fait accepter son bras à Mme Boisselet. Cela lui donnait le droit de la reconduire jusqu’au seuil de sa maison.

Mais ce qui étonna tout le monde, ce fut la conduite de Joseph. Non-seulement il ne saisit pas cette occa- sion de devenir, pendant une demi-heure, le cavalier de Laurence ; mais, alléguant la fatigue de la journée, il s’opposa formellement à ce que sa mère prît ce che- min malaisé. Les parents, qui n’étaient pas encore dans la confidence officielle du mariage projeté, et qui en voulaient un peu à Mme Boisselet de sa discrétion, échangèrent un regard chargé d’une joie passablement maligne. Cette petite brouille leur servirait de diver- tissement, et à Prévalon ces sortes de distractions étaient malheureusement fort goûtées par quelques-unes de ces dames.

Aussi, pendant le trajet, les bonnes âmes versèrent- elles goutte à goutte de l’huile sur le feu de la discorde, qu'elles croyaient prête à s'allumer entre les deux familles. On parla beaucoup de l'admiration de Louis Dartel pour Laurence, on cita quelques-uns de ses propos, qui, dans une autre circonstance, auraient cruellement brûlé les lèvres de celles qui les prononçaient ; on constatait que Laurence ne paraissait point du tout insensible à la cour assidue qui lui était faite, et on ajoutait, avec une feinte ignorance des promesses échangées entre Joseph et Laurence, que Mme Boisselet, qui n'était point une sotte, n'aurait garde de laisser échapper un aussi beau parti. Joseph écoutait tout cela avec la plus magnifique indifférence. La générosité de sa cousine l'avait profondément touché, et il éprouvait une certaine satisfaction à penser que, grâce à tous ces petits commérages lancés sur une fausse voie, elle passerait pour avoir pris l'initiative dans la rupture. Or, dans ces cas, le rôle de victime est humiliant pour une femme, et par reconnaissance il était résolu à se le laisser pleinement attribuer.

VI

Un des jours suivants, M. Boisselet et Mme Villeandré se rencontrèrent sur la place. Le père de Laurence avait l'air tout soucieux.

— Ah çà ! on ne voit plus Joseph, dit-il avec brusquerie, et Laurence, qui est déjà fort mécontente de lui, je ne sais trop pourquoi, se fâche pour tout de bon.

Mme Villeandré hocha la tête.

— Mon cher Jacques, le pardon de Notre-Dame-du-Chêne m'a donné à penser, dit-elle. Joseph était froid, et Louis Dartel bien prévenant. Nous avons voulu marier nos enfants, cela nous convenait ; mais, s'ils jugeaient à propos d'en rester à leur amitié de parents, n'allons pas mettre notre amour-propre au travers de leur bonheur.

— Vous êtes si résignée, ma tante, dit M. Boisselet en la regardant avec une certaine défiance, si résignée, que je supposerai volontiers que vous en savez plus long que vous le dites, et que votre envie d'avoir Laurence pour bru vous est passée.

La vieille dame soupira et répondit avec une vérité d'accent qui devait détruire tous les doutes :

— Laurence était la belle-fille de mon choix, Jacques, et si mon rêve ne doit pas se réaliser, personne n'en souffrira comme moi.

— Mais enfin que s'est-il passé ? demanda M. Boisselet ; Laurence est toute triste et s'oppose à ce qu'on annonce son mariage. Ma foi ! j'ai bien envie de penser que le petit Dartel est peut-être pour quelque chose là-dessous. Mais Joseph n'est pas disposé à se laisser couper l'herbe sous le pied, je suppose, et, en admettant que Laurence songe à changer d'avis, comment prendra-t-il la chose ?

— Mieux que nous ne le pensons peut-être. Nos enfants, Jacques se sont toujours connus ; ils s'aimeront quand même. Laurence n'avait pas pour Joseph un sentiment très-particulier. C'était celui de ses cousins qu'elle aimait le mieux, c'était celui que vous préfériez, voilà tout.

— D'accord, mais il est certain que se brouiller à propos d'une contredanse, dansée plutôt avec un autre qu'avec lui, n'annonce pas non plus, chez Joseph une affection très-enracinée. Tenez, ma tante, puisque nous en sommes-là, agissons sans détour. Questionnons nos enfants, qu'ils nous disent franchement la vérité, et, s'ils le désirent, qu'ils redeviennent libres.

— J'allais te le proposer, Jacques.

— Eh bien ! alors, à ce soir, il faut que cela finisse, d'une manière ou d'une autre.

Le soir, en effet, M. Boisselet se présenta chez Mme Villeandré. Il avait l'air embarrassé.

Je suis obligé de vous le dire, ma tante, la fillette s'est prononcée très-catégoriquement, elle aime beaucoup Joseph pour son cousin, mais elle n'a aucune envie d'en faire son mari.

— J'en suis sincèrement fâchée, répondit la vieille dame tristement. J'ai de mon côté parlé à Joseph. Les sentiments de Laurence sont à peu près les siens. Le pauvre enfant se mariait un peu par obéissance.

— Donc, c'est chose terminée, dit M. Boisselet ; sur mon honneur, je le regrette, nous n'en restons pas moins bons amis, ma tante.

— Certainement. Qu'est-ce qu'on désire le plus au monde ? le bonheur de ceux qu'on aime. Nos enfants savent mieux que nous où le chercher, et nous ne pouvons les marier pour notre propre satisfaction. Je me garderai donc bien de laisser voir mes regrets à mon fils, je tâcherai d'aimer la femme qu'il choisira ; mais je puis te le dire à toi, Jacques, je ne me consolerai jamais de donner à une autre qu'à Laurence, le titre de ma belle-fille.

Ainsi fut rompu, sans secousse apparente, le lien qui unissait Joseph à Laurence. Tout ce petit drame intime échappa à l'œil curieux des malveillants, qui n'eurent même pas la consolation de voir la froideur régner entre les deux familles. On savait, à n'en pas douter qu'il n'était plus question de mariage. Louis Dartel, à pied ou à cheval passait sans cesse par Prévalon, et devenait l'ami intime de Charles Boisselet, malgré la différence d'âge qui existait entre eux. Toute l'attention se concentrait sur les suites probables de ce petit manége amoureux, et le notaire n'était plus en cause, quand un bruit étrange se répandit. On annonçait son mariage avec Mlle Valentine de Chateaunay, de Rennes. Pour ne pas brusquer les choses, Mme Villeandré avait laissé attendre un long mois sans son consentement public. Tout se négociait à la sourdine. Enfin, un matin elle dit à Joseph :

— Tu te maries dans quinze jours et tu brûles d'aller à Rennes, il faut donc annoncer ton mariage. Il est convenable que Jérôme Villeandré soit le premier prévenu. Va donc le trouver afin de revenir au plus tôt.

Joseph sortit, et, prenant une ruelle à gauche, il se dirigea vers une maison tristement blottie contre un des édifices de Prévalon, un grand corps de logis mal crépi au premier étage duquel flottait un drapeau tricolore sans cesse tourmenté par le vent, et où étaient écrits ces mots : Gendarmerie départementale.

C'était dans ce logis d'aspect pauvre et malpropre que logeait un jeune frère du père de Joseph, Jérôme Villeandré, que dans le peuple on appelait l'avaricieux, et que ceux qui avaient lu Molière, avaient baptisé du nom d'Harpagon. Jamais nom ne s'était trouvé mieux porté. Jeune, il avait été d'une économie sordide ; dans son âge mûr, il tombait dans une avarice féroce.

Cela devait arriver ainsi. L'homme qui se laisse dominer par une mauvaise passion et qui habite la campagne, s'y plonge d'ordinaire jusqu'à l'abrutissement. En ville, il est forcément distrait par les affaires, par les plaisirs, par l'agitation qui l'entoure ; il se sent retenu par une sorte de respect humain; dont il n'ose, que très-rarement, passer les bornes. A la campagne, il s'isole avec ses penchants dépravés, rien ne l'en distrait, rien ne l'en détourne. Aussi, là se rencontrent les ivrognes incorrigibles, dont l'ivresse est l'état permanent, et qui perdent régulièrement leur raison, par l'absorption d'un liquide qui finit par les tuer ; là se trouvent les paresseux indomptables, dont l'esprit ne travaille pas plus que le corps, et qui s'inquiètent peu que le feu soit mis aux quatre coins du monde, pourvu qu'on les laisse vivre tranquilles dans leur trou ; là se voient des avares passionnés dont la vie s'est faite solitaire, et qui passent leur existence agenouillés devant cette idole d'argent, dont le culte a déraciné de leur cœur les sentiments les plus sacrés.

L'oncle de Joseph était un de ces hommes. Il avait rompu, depuis longtemps, avec les relations de famille ; le temps qui n'était pas employé à gagner de l'argent étant regardé par lui comme du temps perdu, il n'était rien et il était tout. Il avait étudié le droit, mais il se contentait du titre modeste d'expert. C'était le grand financier de Prévalon, de plus il faisait métier de racheter de mauvaises créances, et il avait une habileté toute particulière pour opérer ses remboursements. Aussi, malheur au créancier qui tombait entre ses mains impitoyables, toujours fermées pour donner, toujours ouvertes pour prendre. Tout pour lui se résumait en ce seul mot : argent. Il vivait pauvrement, et, de temps en temps, quelque détail de l'avarice qu'il déployait dans son ménage, venait égayer les jeunes gens de Prévalon. Les riches le méprisaient, les pauvres le haïssaient, les enfants le craignaient.

Que lui importait! il n'avait d'oreilles que pour le tintement des pièces d'or que ses doigts palpaient avec amour, il n'avait d'yeux que pour ces terres fertiles, qui étaient sa propriété, il n'avait d'entrailles que pour les souffrances de son bétail, auquel les soins les plus tendres étaient prodigués ; il n'avait plus de cœur.

Mme Villeandré, si compatissante pour les affligés, si secourable pour les pauvres, si généreuse pour les misérables, éprouvait une sorte d'horreur à sa vue ; Joseph partageait pleinement sa répulsion, mais la démarche qu'il faisait était obligatoire, il était de toute nécessité qu'il annonçât son mariage au frère de son père.

Il entra vivement dans la cuisine enfumée, où une vieille femme, naguère mendiante sur le grand chemin, filait au rouet. C'était la ménagère de l'avare. Habituée aux privations, elle trouvait relativement sa place bonne et gardait ses haillons faute de gages suffisants pour les remplacer par d'autres vêtements.

Le jeune homme demanda son oncle , et la vieille servante lui répondit qu'il le trouverait dans son cabinet.

Il monta un escalier obscur et alla frapper à une

porte d'apparence plus solide que celles qui ouvraient sur le même palier. La maison, privée de soleil une partie de la journée, était, de plus, fort mal bâtie ; mais elle touchait à la gendarmerie, et ce voisinage était pour le coffre-fort une garantie de sûreté. Au coup léger que frappa Joseph, une voix rauque dit : « Entrez ! » Il obéit à l'invitation et s'avança dans une chambre blanchie à la chaux, sans plafond, meublée d'un vieux lit, d'une armoire de chêne et d'un bureau chargé de papiers. Jérôme Villeandré, assis devant ce bureau, feuilletait des paperasses. C'était un homme de formes grêles, mal vêtu, mal peigné, qui devait approcher de cinquante ans. Ses yeux gris avaient le regard fin et méchant ; le demi-sourire qui plissait sa bouche serrée, presque sans lèvres, donnait à sa physionomie sournoise un cachet de duplicité souverainement déplaisant.

— Tiens, c'est toi ! fit-il avec un mouvement de surprise ; à quel évènement dois-je l'honneur de ta visite ?

C'était, en effet, un honneur que Joseph lui faisait rarement.

— Mon oncle, dit le jeune homme en prenant un siége, je viens vous faire part de mon mariage.

— Ah bah ! déjà ? C'est bien tôt, mon ami. Une femme, des enfants, cela coûte cher à entretenir. Enfin, tu as une bonne étude et du pain sur la planche. Si j'avais voulu me faire notaire, je serais plus riche que je ne le suis. C'est un fameux état, quand on sait s'y prendre et qu'on ne consulte pas trop consciencieusement le tarif, eh ! eh ! Les notaires nous écorchent joliment, nous autres pauvres diables. Mais voyons, qui épouses-tu ? Laurence Boisselet, Clotilde Duchemin, la petite Lancassel ?

— Non, mon oncle, j'épouse Mlle Valentine de Châteaunay.

— De Châteaunay ! Diable, cela ronfle. Elle n'est pas du pays ?

— Elle est de Rennes.

— Ah ! Et a-t-elle une bonne dot ?

— Elle me convient et sa dot aussi.

— Parfait, parfait. Châteaunay ! Ce nom ne m'est pas inconnu. Elle est de Rennes, dis-tu ?

— Oui, mon oncle.

M. Villeandré glissa un doigt dans une pile de lettres et les feuilleta.

— Ce n'est pas, je l'espère, la fille de l'ancien notaire Châteaunay ? dit-il vivement.

— C'est précisément elle.

— Sapristi ! alors ne l'épouse pas. Ne sais-tu pas, malheureux, que son père est ruiné ?

— Pardon, je le sais, répondit Joseph avec fermeté.

— Mais c'est une abominable sottise que tu fais là !

— A votre point de vue peut-être. Ma mère et moi, nous jugeons différemment.

— Eh bien ! je ne reconnais plus le bon sens de ma belle-sœur. Permettre une chose pareille ! Si j'étais ton père, je te refuserais tout net mon consentement.

Joseph garda le silence ; mais il pensait : Heureusement que vous ne l'êtes pas.

— Voyons, est-ce une chose bien arrêtée ? reprit l'avare. Je puis te prouver, pièces en mains, qu'il ne restera pas à ta femme un sou vaillant.

— C'est inutile, mon oncle ; j'épouse Mlle de Châteaunay parce qu'elle me plaît, je n'épouse pas une fortune.

— Un notaire agir ainsi ! Je crains bien que tu ne sois un triste homme d'affaires, et je te croyais plus sensé. Cela n'a pas le sens commun.

Joseph se leva.

— Ah ! tu t'en vas déjà ; mon compliment ne te convient pas. Que veux-tu ? je suis un homme pratique, je sais combien l'argent est long et dur à amasser, et je regrette de te voir faire une folie. Les Villeandré ne seront jamais que des gueux.

— Excepté vous, mon oncle.

— Moi ? Ah ! bien oui, compte là-dessus, murmura

l'avare ; je dépense peu, c'est vrai, mais je ne suis pas notaire et je n'ai pas tous les jours de la chance. Fais mes compliments à ta mère ; au revoir ! je ne te souhaite pas, ma foi, beaucoup d'enfants.

Joseph se hâta de sortir. Parler plus longtemps à cet égoïste, à cet avare, du sentiment pur et désintéressé qui lui remplissait le cœur, lui eût semblé une profanation.

VII

Une après-midi du mois de septembre de la même année, on eût pu remarquer dans le bourg de Prévalon une sorte d'agitation sourde qui ne lui était pas ordinaire. Il n'y avait cependant ni pardon, ni foire, ni marché, ni tirage à la conscription, partant pas d'étrangers. Le mouvement était local, l'impression personnelle. Les ouvriers habitant les ruelles allaient et venaient sur la place; sur tous les seuils se pressaient des curieux à l'air impassible. On avait l'air d'être venu causer chez le voisin, mais il y avait trop d'ensemble dans ces visites pour les croire dues au simple hasard.

Les maisons bourgeoises paraissaient garder leur calme ordinaire, pas une fenêtre n'était ouverte, mais les rideaux avaient des frémissements continuels, et les têtes des jeunes filles surtout apparaissaient bien souvent derrière les vitres. Et tous les regards interrogeaient avidement la route vicinale qui conduisait à la ville.

Évidemment, c'était par là que la personne ou la chose attendue devait arriver. Chez Mme Villeandré elle-même, la moins curieuse des Prévalonnaises, on remarquait une certaine agitation.

La vieille maison grise avait quelque chose de tout gai, de tout éventé même. Le vent, passant par toutes les fenêtres ouvertes, gonflait les rideaux de calicot nouvellement blanchis; des ombres passaient et repassaient dans les appartements, et à la plus haute fenêtre apparaissait le frais et brun visage d'une jeune servante, qui paraissait remplir là le rôle de vedette. Elle n'en disparut que quand son œil perçant aperçut sur la route poudreuse un équipage qui arrivait vite et qui fit bientôt son entrée dans le bourg. C'était une très-simple voiture de voyage qui vint s'arrêter devant la maison de Mme Villeandré. Aussitôt la grande porte s'ouvrit au large, et la vieille dame, dans sa toilette des grands jours, parut sur le seuil. Elle ne le franchit pas et attendit. Son attitude était calme et pleine de dignité, sa physionomie sereine, c'étaient la paix et le bonheur du foyer domestique, se dressant, sous ces traits vénérables et cette taille imposante, devant la jeune femme qui arrivait avec la mission de porter, tôt ou tard, ce fardeau d'obligations qui échoit à la femme dans le royaume intérieur, fardeau pesant que l'affection seule sait rendre léger.

Valentine descendit la première de voiture, ses yeux s'arrêtèrent sur Mme Villeandré, et, sans attendre son mari qui aidait sa mère à descendre à son tour, elle franchit vivement la petite distance qui les séparait, et, enhardie par le regard bienveillant qui la couvrait, elle se jeta dans les bras de sa belle-mère. Mme Villeandré la baisa au front et tint un instant serrée contre sa poitrine cette frêle et délicate créature dont la faiblesse contrastait avec sa propre force.

— Soyez bénie, ma fille, murmura-t-elle avec émotion, et puissiez-vous être heureuse sous ce toit !

L'arrivée bruyante de Mme de Chateaunay coupa court à cette scène de bienvenue. Elle adressa à Mme Villeandré un flot de paroles et une foule de saluts. Elle était enchantée de faire sa connaissance, elle avait tant regretté qu'elle eût refusé d'assister au mariage de son fils, elle aimait beaucoup la campagne et sa fille aussi, elle trouvait Prévalon un fort joli bourg. Après sa première révérence, Mme Villeandré s'était majestueusement redressée et écoutait impassible tout ce verbiage. Puis, sans y répondre un mot, elle la pria d'entrer, et invitant Joseph à la conduire à son appartement, elle alla montrer elle-même le sien à sa bru. C'était le plus vaste de la maison, ses deux fenêtres cintrées ouvraient sur la place.

Valentine se débarrassa de ses vêtements de voyage et écouta les indications que lui donnait la vieille dame sur la disposition intérieure de la maison. Dans sa chambre, l'ordre le plus complet régnait, une main attentive avait placé chaque objet à sa place. La jeune femme remercia Mme Villeandré avec effusion.

— J'ai même pensé à vous procurer une chose dont je n'ai, pour mon compte, jamais connu l'usage, reprit en souriant la vieille dame, c'est une femme de chambre. On m'a dit que les jeunes filles s'en passaient difficilement par le temps qui court, et je n'ai pas voulu que vos habitudes fussent changées.

— J'avais fait le sacrifice de celle-là, ma mère, il le

fallait bien, et je vous assure que je me passerai parfaitement de femme de chambre à Prévalon.

— Allons, ma fille, laissez-moi arranger cette affaire
Cela n'augmentera en aucune façon notre train de maison, et cette fille sera utile à tout le monde. C'est une
de mes filleules, une orpheline que j'ai élevée et à laquelle j'ai fait apprendre à coudre. Elle est habile cou-
turière, et ses pratiques étaient déjà nombreuses. Malgré
cela, elle n'a pas hésité à prendre du service, quand elle
a su que j'avais besoin d'elle. Cela me fait espérer
qu'elle s'attachera à vous. Or, un domestique dévoué
est un trésor inappréciable, quand on sait le conserver.
Je ne doute pas que vous ne soyez bonne pour Catherine, et vous n'en serez que mieux servie. Tel maître,
tel valet, dit le proverbe, et rien n'est plus vrai. Je
pense que vous n'en aurez guère besoin qu'une partie de
la journée, le reste du temps elle travaillera dans la
maison, et, sous le prétexte qu'elle vous est spécialement
attachée, elle ne deviendra pas paresseuse.

En ce moment on heurta à la porte.

— Madame, dit une voix timide.

— C'est Catherine, dit Mme Villeandré.

Et élevant la voix, elle dit : — Entrez.

La porte s'ouvrit, une belle fille, les joues pourpres,
parut.

— Madame de Chateaunay demande madame, dit-elle en tournant ses yeux noirs vers Valentine.

— Je vous laisse, dit Mme Villeandré en se levant. Catherine, un moment. Je viens de parler de vous à ma belle-fille. Le matin, ce sera elle qui vous donnera des ordres, et j'espère que vous ferez tout votre possible pour qu'elle soit contente de vous.

— Oh! ma mère, vous ne pouvez pas avoir la main malheureuse, dit doucement Valentine. Catherine et moi, nous nous arrangerons parfaitement, n'est-ce pas Catherine ?

— Oui, madame, répondit la brune Catherine qui rougissait sous le regard affectueusement bienveillant qui l'enveloppait.

Elle sortit, et Mme Villeandré la suivit. Valentine passa dans la chambre occupée par sa mère.

— Mme de Chateaunay avait déjà tout bouleversé, et Joseph l'aidait complaisamment à changer une commode de place. Puis elle s'orienta pour savoir si son lit était convenablement placé et selon les règles de l'hygiène.

— Ma mère, dit Valentine, Joseph n'a pas vu sa mère depuis trois semaines, et vous l'employez à de pareilles niaiseries, cela n'est pas raisonnable.

— Ma chère enfant, je ne puis pas supporter la vue de meubles mal rangés, ni consentir à ce que mes vêtements soient enfermés dans des malles. Ce sera l'affaire d'un instant ; mais il faut que ce soir tout cela soit en ordre ou j'aurai une mauvaise nuit.

— Dans tous les cas, je puis vous aider. Je vous en prie, Joseph, laissez-nous et rejoignez votre mère, qui, j'en suis sûre, vous attend avec impatience.

Les paroles de Valentine étaient encore des ordres pour Joseph, il se rendit dans la chambre de sa mère.

Dans ces deux appartements qu'une forte cloison séparait, on engagea alors, de part et d'autre, une conversation intime. Mme de Chateaunay et Valentine parlèrent de Prévalon et de Mme Villeandré. Mme Villeandré et Joseph s'entretinrent de Mme de Chateaunay et de Valentine.

Là se montrèrent, sans fard, les impressions ressenties, là se dessinèrent les sympathies et les antipathies que le temps devait fortifier, là se laissèrent deviner les regrets et les espérances. Écoutons d'abord Joseph et sa mère.

— Eh bien, ma mère ! demanda Joseph en prenant un siége et en s'asseyant en face de la chaise haute où s'asseyait la vieille dame pour travailler.

— Joson, ta femme est charmante, dit-elle gaiement ; mais, comme disent les bonnes gens de Prévalon, c'est une faillie [1] femme.

---

[1] Faible.

— L'air de la campagne la fortifiera.

— Il est certain que l'air de nos montagnes est sain. La santé de sa mère parait meilleure que la sienne. Elle va, elle vient, elle court par la maison, portant des boîtes, des paquets, et, malgré tous ses embarras, elle m'a offert ses services pour le dîner de bienvenue que je donne demain.

— C'est une femme très-active, dit timidement Joseph.

— Et reste-elle, décidément?

— Oui.

La figure de Mme Villeandré se rembrunit.

— Cette séparation aurait fait beaucoup de mal à Valentine, reprit le jeune homme, et je n'ai pas eu le courage de l'exiger. Je ne sais pas d'ailleurs si ma belle-mère se plaira longtemps à Prévalon, j'en doute.

— Puisses-tu dire vrai, mon enfant, car, ou je me trompe, ou elle a le caractère brouillon, et avec ces sortes de personnes la vie est difficile.

— Vous êtes chez vous, ma mère, et il est bien entendu que, si vous ne vous arrangez pas ensemble, elle partira. Enfin, ma femme vous plaît.

— Beaucoup. Je crois que je l'aimerai.

— Et moi, j'en suis sûr.

Il dit cela sans hésiter comme un homme sûr de son fait.

— Ta maison te plait-elle, Valentine? demandait Mme de Chateaunay à sa fille, sans interrompre son travail.

— Mais oui, maman.

— La coque est belle; mais, bon Dieu, que tout cela est mal distribué à l'intérieur! Au lieu de cette grande allée et de cet énorme escalier, pourquoi ne pas faire au rez-de-chaussée un joli vestibule et un escalier tournant qui tiendrait deux fois moins de place que celui qui existe! et ces immenses appartements! rien ne serait plus facile que de les séparer en deux, et quel logement cela donnerait! Il me serait beaucoup plus agréable d'avoir un cabinet de toilette que de me trouver dans une chambre grande comme le salon de réception de la préfecture de Rennes. Je ferai une séparation ici.

Et son doigt traça dans l'air une ligne imaginaire.

— Je ferai percer une porte là ; je ferai plafonner, car, en vérité, ces grosses poutres agacent les yeux ; je ferai tapisser, peindre, changer les petits carreaux de ces grandes fenêtres, et ces petites réparations, qui ne sont rien, transformeront cet appartement.

Je ferai de petites réparations! Il n'y avait pas une heure que Mme de Chateaunay avait posé le pied dans cette maison, qui n'était pas la sienne, et elle en prenait ainsi possession, et elle traitait de petites réparations un changement complet qui eût coûté fort cher. Il est vrai que d'autres eussent payé.

Ces paroles incendiaires, entendues par Mme Villeandré, lui auraient donné le frisson et détruit de fond en comble les quelques illusions qu'elle s'efforçait de conserver, afin de rendre possible la vie commune avec la belle-mère de son fils.

— Joseph m'a avertie que Mme Villeandré tenait à ses habitudes, dit Valentine ; à plus forte raison doit-elle tenir à ce que sa maison reste ce qu'elle est.

— Mais tu auras bien aussi voix au chapitre, je pense. Une femme doit être maîtresse chez elle.

— Vous oubliez que je ne suis pas chez moi.

— Tu es chez ton mari, c'est la même chose, et Joseph fera ce que tu voudras, si tu sais le prendre. Il y a, certes, beaucoup d'améliorations à faire, et c'est au commencement qu'il faut un peu prendre la haute main dans son ménage. Ce mobilier, par exemple, est absurde, tout cela est vieux, démodé, incommode. Ton mari est assez riche pour meubler convenablement tes appartements, et ta belle-mère n'a rien à voir là-dedans. A propos, comment la trouves-tu ?

— Oh ! elle a l'air d'une excellente femme.

— Sans doute, mais pas trop intelligente.

— Joseph assure que sa mère est une femme d'un esprit remarquable, et, maintenant que je l'ai vue, je suis de son avis.

— Elle parle peu.

— Oui, mais ce qu'elle dit est plein de sens. Son accueil grave et affectueux m'a profondément touchée.

— Elle paraît bien froide, ma fille.

— Ne sommes-nous pas des étrangères pour elle, maman ?

— Allons donc ! quand Emile se mariera, je serai aussi à l'aise avec sa femme que si je l'avais toujours connue. Pauvre enfant, le voilà seul à Savenay. Il faudra que tu le fasses venir ici dans la saison de la chasse et que tu invites aussi ses amis, car il s'ennuierait à la mort dans ce triste bourg.

— Il ne faut pas médire de Prévalon, maman, dit Valentine avec un mélancolique sourire, songez que je dois y passer ma vie.

— Qui sait ? Joseph n'est pas cloué ici, que je sache, et pour des femmes, la résidence est agréable. Pour un jeune homme habitué au monde, et dans l'âge où l'on veut s'amuser, c'est tout différent.

L'inconséquente mère semblait avoir oublié que sa fille n'avait jamais été préparée à cette séquestration complète d’un monde qu’elle-même lui avait appris à aimer et elle n’eût pas compris que Valentine eût refusé le parti inespéré qui s’offrait à elle, bien qu’il exigeât le sacrifice de ses penchants, de ses habitudes, de ses goûts.

En ce moment, Catherine entr’ouvrit la porte.

— Madame, le souper est servi, dit-elle.

— Nous allons descendre, répondit Mme de Chateaunay.

Et, se tournant vers Valentine :

— Qui est cette fille ? demanda-t-elle.

— C’est ma femme de chambre.

— Il faudra la styler, elle ne m’a pas l’air fort au courant de son service. On soupe donc ici ? Cela sera fort ennuyeux. Je le sais bien, on ne peut trop vite changer les habitudes, mais ces repas du soir sont un abus. Mon estomac s’y ferait difficilement, car il ne change pas volontiers ses heures ; j’espère que Mme Villeandré le comprendra et ne se montrera pas déraisonnable.

— Nous verrons cela plus tard, dit Valentine en se levant, mais il ne faut pas la faire attendre ; venez, maman, nous finirons cela dans la soirée.

Elles se rendirent dans la salle à manger, où Mme Villeandré les attendait.

VIII

L'arrivée de Valentine avait jeté l'émoi dans Prévalon et allumé des curiosités ardentes. Mais, sans qu'il y parut, nulle part plus qu'au Chêne on ne désirait voir la femme de Joseph. La veille, toutes ces dames étaient au complet, et chacune d'elles s'était ménagé un coin de fenêtre donnant sur la place ; mais, en définitive, qu'avait-on aperçu ? Une femme grande, svelte, dont un voile de dentelle ne laissa deviner ni le teint, ni les traits, ni la couleur des cheveux. Valentine avait la taille élégante et souple, la tournure distinguée, c'était certain ; maintenant, il fallait la voir de près et constater sa beauté. Car on avait annoncé qu'elle était belle, et on n'était pas encore bien revenu de l'étonnement causé par l'idée qu'avait eue Joseph d'aller si loin chercher une femme. Une Rennaise à Prévalon ! On avait beau remonter les âges et consulter les souvenirs de famille, cela ne s'était jamais vu.

Laurence et sa mère, qui connaissaient à leurs dépens le fin mot de l'histoire, avaient surtout hâte de se rencontrer avec cette femme qui avait inspiré une aussi durable passion au tranquille Joseph. Mme Boisselet, qui trouvait sa fille charmante, et elle n'exagérait qu'un peu les choses, se figurait Valentine comme une huitième merveille du monde, et s'attendait à être éblouie.

— Cette Rennaise va être superbe, disaient les mamans devant leurs filles, il faudra soigner sa toilette.

Et alors on recommandait à Clotilde de mettre sa robe de soie couleur changeante, on invitait Adèle à se parer de sa coiffure de coquelicots et à entreprendre le chignon compliqué qu'on avait tant admiré chez la jeune femme du sous-préfet de Bernarec, il y avait un an.

— Mets la robe que tu voudras, arrange-toi comme cela te conviendra, avait dit Mme Boisselet à sa fille, mais fais en sorte que ta nouvelle cousine ne te trouve pas une toilette de mauvais goût. Ce péché-là est commun dans notre famille, à la campagne, il ne faut pas le commettre, si tu veux paraître avantageusement devant Valentine.

Aussi Laurence arriva-t-elle dans le salon de Mme Villeandré, vêtue d'une robe de mousseline lilas, dont le dessein était bien choisi, la façon soignée, la fraîcheur irréprochable.

Valentine venait de sortir de l'appartement, et les cousines de Prévalon, la tête couronnée de fleurs aux teintes criardes, la taille et le cou ornés de rubans vulgaires, qui voltigeaient autour d'elles comme des banderoles autour d'un mât, se précipitèrent vers Laurence pour lui dire :

— Pourquoi t'es-tu mise si simplement ?

Laurence sourit, regarda trois jeunes filles des environs uniformément vêtues de rose, ses sœurs par l'harmonie de la toilette et la distinction de la tenue, et répondit :

— Maman l'a voulu ainsi.

— Ma tante a eu là une drôle d'idée, répondit Clotilde en caressant les nœuds de son corsage, car, enfin, c'est un diner prié. Au reste, Valentine n'a pas fait honneur à Prévalon, et nous a, il paraît, jugées indignes d'admirer ses toilettes, qui sont, dit-on, fort belles.

— Chut ! la voici ! murmura sa voisine.

En effet, Valentine entrait.

La jeune femme avait pensé que, arrivant avec une

certaine réputation d'élégance au milieu de la famille de son mari, famille honorable, mais de mœurs rustiques, il était délicat de ne pas écraser les femmes par la splendeur de sa toilette de mariage, et de se mettre à leur niveau, même de ce côté, afin de se concilier les sympathies. Elle avait donc revêtu, ce jour-là, une de ses robes de jeune fille, une robe de soie grise unie ; elle n'avait pas un bijou et n'était coiffée que de ses beaux cheveux cendrés, qui lui formaient d'ailleurs la plus riche des parures. Son intention avait été mal interprétée, comme on le voit, et ce qui était la preuve d'un tact délicat, fut regardé comme une marque de dédain.

Cette robe grise lui allait parfaitement ; sa nuance douce convenait à la transparence de sa peau et à sa beauté blonde.

On lui présenta les dames Boisselet, et comme elle ne trouva pas chez elles cet air guindé, cette politesse cérémonieuse qui l'avaient désagréablement frappée dans les autres, elle se montra très-particulièrement gracieuse pour elles, ce qui fut remarqué et ce qui fit germer dans les cœurs bien des semences de jalousie.

Peu après son arrivée, on se mit à table. Le dîner fut long et gai. Après, on passa dans le jardin. Les petites Prévalonnaises se tinrent à l'écart, un peu par timidité, un peu par malice. Valentine les intimidait, et, entre elles, elles commençaient déjà à critiquer ses manières, et à médire de sa personne. Valentine, entourée par les trois jeunes filles en rose et par Laurence, ne faisait plus attention à elles, et, s'étant montrée suffisamment aimable, les laissait de côté.

— Comment trouvez-vous ma nièce? demanda Mme Boisselet à un châtelain des environs à qui elle donnait le bras.

— Charmante, Madame, pleine de grâce et de distinction, mais...

Il s'arrêta, et, montrant du doigt un rosier sur lequel s'épanouissait une rose dont les pétales inférieures pâlissaient, et qui s'inclinait vers une touffe de frais boutons, il ajouta :

— Mais les fleurs nouvellement écloses lui font tort par leur éclat.

Et il regardait les jeunes filles qui entouraient la jeune femme, et dont l'éblouissante fraîcheur contrastait avec sa pâleur.

— C'est vrai, pensa la mère de Laurence, c'est une belle fleur, mais enfin elle se fane.

Ce fut la seule pensée un peu amère accordée au passé, et, quand elle quitta la maison de Mme Villeandré, elle imposa silence aux remarques malveillantes prêtes à se

produire par un éloge contre lequel personne n'osa s'é-
lever.

Tous les invités s'étaient retirés ; Joseph reconduisait
deux ou trois hommes qui, ayant fait largement honneur aux vins de choix exhibés pour la circonstance,
se sentaient en verve, et fort disposés à ne lâcher que le
plus tard possible, un auditeur aussi patient ; madame
Villeandré commençait à sauver des mains maladroites,
en les remettant elle-même dans leur inviolable retraite,
les porcelaines de luxe doublement précieuses à ses yeux
et par leur beauté et par leur ancienneté dans sa famille,
Mme de Châteaunay lui avait, bon gré mal gré, imposé
ses bruyants services, Valentine s'était retirée dans sa
chambre. Elle s'était assise près de la fenêtre, dans
une attitude qui révélait une grande lassitude physique et morale. La jeune femme se sentait accablée et
triste. Le premier moment de trouble passé, elle osait regarder en face la nouvelle existence qu'elle commençait,
et une insurmontable tristesse envahissait son âme. Elle
se trouvait transportée dans un monde nouveau, elle
voyait s'engouffrer dans l'abîme du passé ses amitiés
d'enfance et de jeunesse, ses liaisons mondaines qui dis-
traient l'esprit si elles n'occupent pas le cœur, ses habitudes de femme du monde incompatibles avec sa position
actuelle.

Elle venait de voir de près ceux qui désormais se mê-
leraient à sa vie. Dans le nombre, deux ou trois figures
seulement se détachaient avantageusement de la masse
vulgaire, et il n'y avait pas à choisir. Ce n'étaient plus
ces cercles nombreux, dans lesquels se mêlaient sans se
confondre, les natures communes et les natures distin-
guées, les esprits médiocres et les brillants esprits, les
parleurs ennuyeux et les causeurs charmants. Ici les mères
ne sortaient pas du ménage, les hommes des affaires lo-
cales ; les jeunes filles, moins Laurence, ne disaient rien
du tout, en attendant qu'elles se plongeassent dans les
mêmes sujets de conversation ; les jeunes gens intelligents
et ambitieux étaient ailleurs.

De loin la jeune femme, en essayant d'envisager cet
état de choses, s'était dit :

— Je m'y ferai.

De près, elle pensait, non sans angoisse :

— Mon Dieu ! pourrai-je m'y faire ?

Tout d'ailleurs, le lieu, le temps et l'heure, contribuait en ce moment à grandir ce découragement sans
nom, à augmenter le malaise de cette organisation nerveuse et irritable, sur laquelle les choses extérieures
exerçaient une action puissante. A son arrivée, la veille,
Prévalon s'était offert à sa vue, éblouissant de soleil,
et on sait ce que fait arriver à l'âme par les yeux, de

gaieté, d'apaisement et d'espérance, un rayon de soleil.

C'était aux heures occupées de la journée; et quelque petite que fut la ruche, les abeilles travaillaient, le bourg avait son mouvement, son bruit.

L'aspect avait changé. Le ciel était gris, et le soir, — non pas un de ces soirs éclatants d'automne qui jettent un voile radieux sur le jour qui s'éteint, mais un soir terne et froid — venait. Les bruits du dehors avaient cessé, pas un être humain ne se montrait sur la grande place. A intervalles égaux le clocher laissait échapper une sorte de gémissement lent, un glas sinistre, qui occasionnait chaque fois à la jeune femme un tressaillement douloureux. L'ombre, qui diminuait l'horizon, n'était pas assez épaisse pour cacher les croix du cimetière, et, quand le regard de Valentine, attiré par je ne sais quelle attraction, s'attachait sur ces tombes immobiles, sur ces croix plantées sur des cadavres, elle devenait toute frissonnante, et des larmes lui montaient aux yeux.

— Oh ! avoir toujours cette idée de mort devant les yeux, pensait-elle, entendre toujours ce glas lugubre, mais c'est à en mourir !

L'entrée de son mari vint soudain interrompre cette rêverie malsaine à laquelle elle s'abandonnait avec une sorte de satisfaction mélancolique.

Joseph arrivait, enchanté des compliments qu'il avait reçus à propos de sa femme, content de la retrouver et d'être débarrassé de ses derniers convives.

Il l'embrassa et dit :

— Tu parais bien fatiguée.

Valentine ploya la taille et appuya paresseusement son front sur sa main, en apparence pour simuler sa grande fatigue, en réalité pour cacher les larmes qu'elle se sentait aux paupières et qui tombèrent discrètement sur sa robe.

— Oh! bien fatiguée, reprit-elle en relevant la tête ; il faut le dire, le dîner a été interminable.

— Nos dîners de cérémonie sont toujours ainsi. Comment trouves-tu tout ce monde-là ?

— Mais un peu campagnard. Il y a toutefois des exceptions : ta tante Boisselet et sa fille m'ont beaucoup plu.

— Ah! Laurence, dit Joseph, un cœur d'or.

Et il ajouta tendrement, en prenant la main de sa femme entre les siennes :

— Tous te trouvent charmante, tous t'aimeront, et tu seras heureuse ici, n'est-ce pas, ma bien-aimée ?

Le tintement du glas retarda d'une seconde la réponse de Valentine.

— Certainement, dit-elle avec douceur.

— Et nos mères, j'en suis sûr, finiront par s'entendre à merveille, continua Joseph que son propre bonheur aveuglait, et nous vivrons paisibles et contents, n'est-ce pas, Valentine?

— Certainement, répondit-elle encore.

Cette dernière assertion aurait pu recevoir sur-le-champ un démenti, si son regard avait plongé dans les profondeurs de la cuisine. Là, en effet, se tenait debout, grave comme un juge qui va prononcer un arrêt, Mme Villeandré, que Catherine était allée mander de la part de la cuisinière. Cette dernière se dressait, les joues brûlées, le regard étincelant, le geste furieux, au milieu de ses casseroles, de ses plats, de ses appareils. Elle formulait, ou plutôt elle fulminait un réquisitoire passionné contre Mme de Chateaunay. Elle lui avait donné dix ordres contraires, elle lui avait dit que son dîner ne valait rien, elle avait compromis, par son intervention, la réussite d'un plat qui n'avait jamais manqué, elle avait fait enlever d'autorité un rôti déjà placé sur la table, sous prétexte qu'il était carbonisé, ce qui n'était pas vrai.

Mme Villeandré écoutait les réclamations virulentes de sa vieille Louison avec un étonnement mêlé de stupeur. Cette pression exercée déjà sur ses domestiques, ce blâme déversé sur leur service, ces actes d'autorité accomplis à son insu, lui causaient une irritation sourde qu'elle avait vraiment peine à maîtriser.

Cependant ce fut de son ton lent et posé qu'elle répondit à Louison :

— Tu as bien fait de ne pas répondre à Mme de Chateaunay, ma vieille Louison. Ce vain bruit de paroles s'éteindra. Mais je te recommande de ne jamais contrevenir à mes ordres, fallût-il lui résister. Dans ce cas, tu m'appellerais.

Et elle ajouta tout bas :

— Quand j'aurai les oreilles par trop fatiguées par les continuels bourdonnements de cette mouche importune, je saurai en délivrer ma maison.

IX

Ni les craintes de Mme Villeandré, ni les espérances de Joseph ne se réalisèrent. Valentine ne fut pas malheureuse à Prévalon, et ne s'y trouva jamais complètement heureuse non plus. Malheureuse, elle ne pouvait l'être sans manquer de cœur avec l'excellent Joseph, sa belle-mère qui lui témoignait une véritable affection, sa mère qui vivait près d'elle. Heureuse, elle ne pouvait pas l'être davantage avec un mari qu'elle n'aimait que par devoir et par reconnaissance, avec les tiraillements intérieurs dus à la présence de Mme de Châteaunay, avec ses relations gênées avec la famille de son mari, avec cette vie lourde et monotone de la campagne à laquelle elle ne pouvait s'habituer. Deux moyens s'offraient à elle pour sortir victorieusement de cette fausse position morale. Le premier était de rompre avec le passé et de s'adonner corps et âme au présent, de se mêler activement de sa maison, de marcher sans regarder en arrière dans ce cercle d'occupations domestiques, de distractions d'un nouveau genre, et infiniment petites, dans lequel, autour d'elle, toutes les femmes marchaient. L'attrait fût venu. L'esprit occupé de choses simples se fait à la simplicité, et la simplicité qui ne dégénère pas en vulgarité excerce sur les esprits les plus élevés un charme secret, mais puissant.

Pour en arriver là, il aurait fallu une volonté énergique, une intention bien arrêtée de se baisser vers ces petites choses, d'en expérimenter la valeur. Valentine ne voulut les voir qu'à travers un brouillard, et elles lui parurent toutes misérables. Il lui paraissait impossible de s'intéresser aux petits évènements, tissu de la chronique prévalonnaise.

Que lui importait cette histoire ! elle n'en connaissait pas le héros ! que lui faisait cet acte bon ou mauvais, effrayant de méchanceté ou admirable d'héroïsme ! celui ou celle qui l'avait accompli était un homme obscur, une pauvre femme qu'elle avait rencontrée sur son chemin vingt fois, on le lui assurait, mais qu'elle n'avait jamais regardés.

Le second moyen eût été de se plier par devoir à ce qu'elle ne pouvait accepter par plaisir, c'était d'élever haut son sacrifice jusqu'à Dieu.

Celui-là était infaillible. Il faut bien le reconnaître, tout se brise au seuil de ces âmes qui ont cherché là leur point d'appui, le trouble n'y entre plus, l'amertume en est bannie ; Dieu n'est pas seulement pour elles l'Être devant lequel tout front humain se courbe, c'est un ami, c'est un consolateur auprès duquel elles déposent le fardeau trop lourd, la douleur trop cuisante, les peines trop multipliées, les inquiétudes sans cesse renaissantes.

Cet ami divin est responsable de tout : s'il délivre, on le bénit ; s'il frappe, on le bénit encore ; on a beaucoup prié, et cependant l'espérance terrestre est trompée : on regarde au ciel, et on accepte le sacrifice en vertu d'une autre espérance qui ne saurait l'être. Et c'est à tous les degrés de l'échelle sociale que se rencontrent ces personnes assez heureuses pour jouir de cette paix mystérieuse de l'âme que rien n'ébranle, trésor inattaquable et sûr. Il y en a dans les cloîtres et il y en a dans le monde. Le trappiste, l'homme puissant, la carmélite, la grande dame, l'humble femme, la possède également, elle coule d'une même source, et il n'y a pas d'évènement humain qui puisse la ravir. Tout change, tout faiblit, excepté Dieu.

Valentine avait la piété banale assez commode dans le monde, piété d'habitude, de circonstance, qui soutient, mais qui ne donne contre la sévérité de la destinée, contre les épreuves majeures de la vie, de quelque genre qu'elles soient, aucune force réelle. Celui qui va chercher Dieu, rien que Dieu, prie avec une égale ferveur dans la pauvre église déserte et dans la cathédrale aux sombres voûtes. Mais pour la partie heureuse et occupée du monde, l'appareil des pompes religieuses est nécessaire pour l'émouvoir. Il faut que la prière de ces chrétiens monte avec les nuages odorants de l'encens, avec les soupirs harmonieux de l'orgue. Ah ! quand s'élèvent dans le temple catholique ces voix sonores et mélodieuses, quand l'âme comprend le langage mystique de la musique, cet art vraiment divin, quelque chose qui n'est pas terrestre se remue en vous, le sentiment religieux vous pénètre sous la forme d'une émotion vague pleine de charme, vous ne vous appartenez plus, vous n'êtes plus qu'un écho. Quand l'harmonie est puissante, que les chants aériens se confondent dans un majestueux et formidable concert, qu'il y a là des bruits d'orage, des plaintes qui semblent sortir d'une poitrine humaine, des foudres qui grondent et qui éclatent, l'angoisse vous saisit et un écho du *Miserere* vient à vos lèvres. Et puis le courroux s'apaise, les voix deviennent d'une douceur infinie, le son léger n'est plus qu'un murmure, sur l'autel le mystère s'accomplit, la voix suave qui vibre dans les profondeurs des cieux dit: « Adorez, » et l'on adore.

La jeune femme comprenait la religion ainsi, entourée de tous les prestiges qui vont à l'âme par les sens. Elle en connaissait la lettre, elle en ignorait le véritable esprit ; de là une pratique, tiède, relâchée, des prières sans élan, des sacrements reçus sans qu'elle y puisât la force cachée qu'ils renferment. Elle assistait avec plaisir aux offices de Rennes, dans une de ces églises remplies le dimanche d'une foule élégante, dont les yeux la regardaient venir. Pendant l'office son cœur s'ouvrait volontiers aux impressions que fait naître la plus belle des musiques, la musique religieuse, et elle oubliait un moment le monde pour Dieu ; mais au sortir, sur la place, le monde était là souriant et paré, plein d'admiration pour sa beauté, toutes les impressions fugitives s'effaçaient instantanément, le parfum intérieur se dissipait sous le souffle des vents de la terre, et Dieu était encore oublié.

Aussi·ne se sentit-elle pas l'envie de suivre l'exemple de sa belle-mère. Elle n'eut pas le courage d'essayer de ce moyen suprême, de réunir les épaves de son pauvre cœur, de changer d'horizon à son regard. Elle était encore trop jeune, elle n'avait pas encore assez souffert. L'ennui, l'ennui sans trêve, sans relâche, fut accepté par elle comme une conséquence nécessaire de son existence à Prévalon, elle n'essaya même pas de le combattre. Les soins du ménage, la direction des affaires intérieures, se partageaient entre le pouvoir légitime de Mme Villeandré et les pointes usurpatrices de Mme de Chateaunay ; elle avait trouvé que deux champions, c'était assez, et elle avait déserté le terrain de la lutte. Les relations de société ne lui apportaient que l'ennui sous une forme plus déplaisante encore. Sa belle-famille l'avait prise en grippe, parce qu'elle n'épousait pas les petites querelles qui la divisaient et qu'elle ne paraissait pas s'amuser extraordinairement avec elle. L'amitié de Laurence Boisselet seule lui était une compensation, mais il s'en fallait qu'elle eût pour la cultiver une liberté illimitée. Les jalousies étaient vivaces, et Mᵐᵉ Boisselet retenait prudemment sa fille sur la pente. La laisser se lier intimement avec Valentine, c'eût été voir s'élever contre elle un tolle général et entrer dans une série de fâcheries fort ennuyeuses.

Quand Joseph n'était pas là, Valentine faisait de la musique ; quand les affaires lui donnaient un peu de liberté, elle se promenait avec lui ou travaillait en causant à un ouvrage d'aiguille. Aucune sympathie n'existant entre leurs esprits, aucun rapport entre leurs goûts, ils n'avaient pas la plupart du temps grand'chose à se dire, et la conversation s'éteignait souvent d'elle-même. Valentine retombait dans ses vagues rêveries ; Joseph, assez silencieux de son naturel, fumait paisiblement sa pipe en regardant sa femme avec contentement et admiration. Il eût bien voulu la voir plus gaie, et, quand sa mère lui disait, non sans une pointe d'inquiétude :

— Valentine ne prend pas de force, c'est une petite femme triste.

Il répondait :

— Que voulez-vous, maman, c'est son caractère.

Si Valentine était de difficile acclimatation, sa mère en revanche s'épanouissait à Prévalon comme si elle y eût pris racine. Un des meilleurs romanciers du temps a dit quelque part que l'homme même le plus fier des supériorités de son esprit s'accoutume vite au rétrécissement de son cadre, et y ajuste aisément en miniature les passions qui l'agitaient sur un plus grand théâtre.

Rien n'était plus vrai en ce qui regardait Mme de Chateaunay, qui, pourtant, n'avait pas la moindre supériorité d'esprit. C'était une nature commune sous des dehors distingués ; l'usage du monde sauvait un peu les apparences. Elle se rapetissa autant qu'il le fallait et se plongea dans tous les travers particuliers aux petites villes. Les caquetages de salon, les médisances à l'eau de rose, les chroniques où la calomnie et l'envie font manier par des mains gantées et parfumées leur dard empoisonné, furent remplacés par les commérages des dames prévalonnaises, par les caquets des servantes, par les histoires ridiculement puériles. Mme de Chateaunay, armée de pied en cap, se fourrait dans toutes les dissenssions, faisait des blessures et en recevait, profitait des mésintelligences, furetait dans le passé, gémissait sur le présent, pronostiquait l'avenir. Mme Villeandré, elle, écoutait le bruit du jour, éclaircissait souvent la question par quelques paroles sages qui faisaient un peu l'office de piqûres d'épingle dans l'outre gonflée par tous les souffles de la malice prévalonnaise, souriait des curiosités non satisfaites et n'y pensait plus. Mme de Chateaunay, pareille à un bon chien qui, une fois le nez sur la piste, ne se laisse pas détourner de sa poursuite, ne lâchait la nouvelle que quand elle en connaissait les tenants et les aboutissants. Elle se donnait pour cela un mouvement, une peine inimaginables. Sa curiosité une fois excitée absorbait un moment toutes ses facultés. Les fournisseurs et les domestiques se permettaient alors de respirer, et c'était parfois chez eux une ruse diplomatique que de faire parvenir aux oreilles de la redoutée Mme de Chateaunay une ombre de nouvelle assez intéressante pour qu'elle songeât à lui conserver la vie en la nourrissant du fruit de ses découvertes.

• Cela n'était vraiment pas difficile, car une des plaies particulières aux villes et aux bourgs de province, c'est cette sorte d'espionnage domestique qui se fait à ciel ouvert ou dans l'ombre. Il n'y a pas d'évènements! On en forge, et on n'est pas fâché de débiter sur ce voisin, qu'on obligerait à l'occasion, de petits détails d'intérieur qu'on a le bon goût de trouver piquants. Les hommes entre eux surveillent leurs démarches, parce qu'il y a toujours quelque petite question d'intérêt local pendante. Une course au chef-lieu, une visite au préfet, une absence non expliquée, font froncer les sourcils aux adversaires et les amènent à creuser une contre-mine. Les femmes se mêlent un peu de ces graves questions-là, pour pousser en avant les fils et les maris indolents, et tout en s'occupant beaucoup de leur ménage s'occupent volontiers de celui des autres.

Un jour, c'était pendant la saison des fruits, Mme Boisselet fit porter au four banal une tarte aux framboises. Mme de Chateaunay la vit et en parla, en l'honneur de qui faisait-on de la pâtisserie au Chêne, un jour ordinaire ? Que signifiait cette tarte aux framboises ?

Le recteur, qui ne dînait guère qu'au presbytère, avait-il accepté chez elle ? Louis Dartel adressait-il ce jour-là sa demande ? Un ingénieur appelé à Prévalon pour une question de chemins vicinaux était-il arrivé au Chêne, et M. Boisselet serait-il vainqueur dans la lutte engagée ? Que de graves questions rattachées à cette tarte aux framboises, qui, pendant l'orage soulevé par son arrivée, cuisait tout doucement, l'innocente, dans son four solitaire. Toute la journée on surveilla les voitures qui passèrent par le bourg, on questionna à droite et à gauche, on s'enquit des faits et gestes du recteur. Ni lui, ni Louis Dartel, ni l'ingénieur, ne se montrèrent, et le dimanche suivant, Mme Boisselet, déplorant le pillage exercé par les oiseaux sur son jardin, dit que les merles surtout faisaient un tel usage de framboises, qu'elle s'était vue obligée de presser la confection de ses confitures et de faire faire la cueillette sur tous ses framboisiers.

— Mais vous en avez beaucoup, madame ? dit précipitamment Mme de Chateaunay qui était présente.

— Oh ! certes, beaucoup plus qu'il ne m'en fallait ; mais Laurence a eu la bonne idée de nous faire une tarte avec ce qui restait. C'était un essai qu'elle n'aurait pas osé faire si nous avions eu du monde, et vraiment il a parfaitement réussi.

Ce n'était pas plus malin que cela.

Pour les jeunes filles, leur émulation se portait sur la toilette. Au commencement des saisons commençait l'examen, et les remarques critiques allaient leur train. Un chapeau d'une mode un peu trop nouvelle, une robe jugée inutile, un vêtement trouvé excentrique, tel était le fond de ces discussions sans portée. Elles étaient si bien au courant de leurs toilettes réciproques, qu'avec toute la bonne volonté possible elles ne pouvaient arborer un bout de ruban nouveau sans qu'il fût remarqué. Valentine était restée en dehors de toutes ces petites manœuvres. Certaines méchancetés lancées contre elle lui avaient été maladroitement rapportées. Si on avait pensé l'engager par là à se mêler aux cancans de Prévalon, on s'était grossièrement trompé. Elle ne chercha même pas à se venger, et se contenta de s'isoler davantage. Le dimanche, on apercevait dans le banc des Villeandré, à l'église, sa blanche figure encadrée de ses nattes blondes ; le soir, l'été, on la voyait descendre de son pas nonchalant le sentier qui conduisait au Chêne ; à travers les carreaux de la fenêtre de sa chambre, on saisissait parfois ce regard mobile et rêveur qui se fixait rarement sur un objet ou sur une personne. C'était à peu près tout. L'enclos qui prolongeait son jardin assez loin dans la campagne suffisait à ses promenades ; la faiblesse de sa santé lui servait de prétexte pour s'affranchir de visites ; aussi cette jeune femme, cette ombre, ne comptait pas dans Prévalon.

X

Il arriva cependant un moment où cette indifférence fléchit, où toute malveillance s'éteignit comme par enchantement. Un des premiers jours du mois de janvier dans l'année qui suivit celle du mariage de Valentine, il n'était question que d'elle à Prévalon. On voisinait pour savoir de ses nouvelles, et sur le visage des matrones se lisaient des impresssions d'une nature bien diverse. Enfin, la grande nouvelle transpira, il était né un petit Villeandré, et en vérité on aurait dit, à voir la joie qui éclatait sur toutes les figures, que cet enfant appartenait à tout Prévalon. Mais, si la satisfaction était grande à l'extérieur, comment peindre l'allégresse de la famille Villeandré ! Mme de Chateaunay en devenait quasi raisonnable, et laissait à Mme Villeandré donner un libre cours à sa haute expérience en ce qui regardait les soins à donner à l'enfant et à la mère.

Joseph ne pouvait s'arracher de cet appartement, où le berceau qui avait abrité son premier sommeil n'était plus, selon l'expression d'un poëte, un

Nid vide où l'espérance attend.

Après quelques heures de repos, il s'était mis, à la prière de sa mère, à écrire quelques lettres. Le style devait en être fort décousu, car il se levait sans cesse et s'approchait du berceau, il en écartait les rideaux et demeurait là les bras pendants, couvrant d'un regard d'amour la frêle créature qui y reposait. Mme Villean-dré surgissait parfois à ses côtés, et un double rayon de tendresse se concentrait sur le visage du petit enfant.

Et puis, on échangeait à voix basse quelques paroles.

— Il est fort, ma mère, il vivra.

— S'il plaît à Dieu, Joseph.

— On dirait qu'il vous ressemble.

— C'est plutôt à Valentine; il aura de beaux yeux, ton fils, Joson.

— Croyez-vous?

— Certainement. Avec cela il sera énorme, regarde quelles mains.

— Oui, quelles mains!

Et Joseph glissa t avec respect un doigt sous cette main géante, qui lui couvrait à peine l'ongle.

— As-tu fini d'écrire ? reprenait la mère.

— Non.

— Allons, dépêche-toi, tu oublies que le baptême est à deux heures. Tu n'as que faire ici, mon pauvre ami.

— Mais vous-même, maman ?

— Moi, je viens surveiller notre enfant.

— Et moi aussi.

Ils souriaient, s'embrassaient, et les rideaux se rejoignaient. Quand on ne voyait plus le baby, on avait le courage de s'en aller.

Quand les cloches, sonnant à toute volée, annoncèrent que la cérémonie du baptême était accomplie, le bourg s'émut. On accourait de toutes parts. Les pauvres formaient une masse compacte auprès du portail de l'église. Enfin le nouveau chrétien parut, porté par la robuste Catherine, toute fière de son fardeau. Elle avait reçu l'ordre de laisser voir l'enfant, et les bénédictions pleuvaient sur ce rejeton d'une vieille souche. Mme Villeandré, enveloppée dans sa mante de satin noir et appuyée sur le bras d'Emile de Chateaunay, suivait, distribuant des aumônes et souriant à tout ce peuple qui la respectait et qu'elle aimait. L'heureux Joseph venait ensuite, recueillant pour son fils les souhaits de félicité qu'on lui prodiguait, et le regardant de loin passer triomphalement dans la foule.

La venue de cet enfant fit ce que n'avaient pu faire ni la tendresse de Joseph ni les exhortations de Mme Villeandré : elle arracha Valentine à sa torpeur morale augmentée par plusieurs mois de souffrances physiques. Cet être chétif devint l'intérêt et le charme de sa vie. Que lui importait maintenant d'habiter Prévalon ? Délivrée de l'esclavage du monde, elle n'en avait que plus de temps à donner à son enfant. Elle acceptait avec une joyeuse résignation les fatigues de la maternité et les subissait avec un courage inouï. Au printemps, le petit Joseph avait pris des forces, ses yeux bleus s'attachaient sur sa mère ou la cherchaient. Elle le promenait dans le jardin et s'asseyait avec lui sous les peupliers, qui les garantissaient des rayons du soleil d'avril. Les fenêtres de l'étude donnaient de ce côté ; et, quand le notaire, travaillant à son bureau, relevait la tête et regardait vers le jardin, ses yeux se reposaient sur le groupe gracieux formé par la mère et l'enfant. Quand Valentine apparaissait à sa fenêtre ouverte, son fils dans ses bras, elle devenait pour les passants le sujet animé d'un tableau qui, à l'église, excitait leur admiration :

— On dirait la vierge Marie et son fils Jésus, se disaient-ils entre eux.

Et, certes, quand la jeune mère, le front légèrement penché, les paupières baissées, contemplait le chérubin habillé de blanc qui dormait entre ses bras de ce sommeil profondément calme des petits enfants dont la vue fait du bien à l'âme, la forme pure de ses traits, l'expression douce et chaste de sa physionomie, auraient pu solliciter le pinceau d'un artiste, et sa création cette fois se serait peut-être approchée du type idéal et divin qu'il avait rêvé.

Ainsi que cela arrive parfois dans la vie, un souffle de bonheur semblait passer sur la famille Villeandré. Pour les affaires extérieures un héritage inattendu, des circonstances imprévues, qui avaient doublé le revenu de l'étude, et qui promettaient au notaire une série d'années lucratives, étaient venus augmenter d'une manière sensible l'aisance dont il jouissait. Et au dedans comme au dehors tout marchait à souhait. Laurence, ayant épousé Louis Dartel, n'avait pas quitté le Chêne, et était devenue pour Valentine une amie agréable et dévouée ; le petit Joseph poussait comme un champignon et commençait à remplir la maison de son babil sans trêve, vrai gazouillement d'oiseau ; la santé de Valentine s'était fortifiée ; Mme de Chateaunay, après avoir longtemps lutté avec un courage digne d'une meilleure cause contre l'autorité solidement établie de Mme Villeandré, s'était retirée dans un couvent, au grand contentement de tout le monde et pour le tourment des religieuses qui s’étaient chargées d’une aussi bruyante pensionnaire ; toute la famille prévalonnaise se rapprochait de la jeune mère, qui ne trouvait pas déplaisantes ces grosses mamans qu’une simple convulsion du petit Joseph faisait accourir ; enfin la naissance d’une petite fille venait de mettre le comble à toutes ces félicités.

C’était environ un mois après ce grave événement. Septembre se présentait tout chargé de fleurs et de fruits, et, par les rayons brûlants de son soleil, par la sérénité de son ciel, appartenant plutôt à l’été qu’à l’automne, Mme Villeandré, un cahier à la main, présidait au partage des grains, qui se faisait chez son fermier. Le chiffre écrit, elle rejoignait un groupe assis à l’ombre d’une immense meule de paille sur des chaises évidemment tirées de la ferme. M. et Mme Dartel, Mme Boisselet et Joseph Villeandré sont au premier plan. La brune Catherine avec la petite Valentine dans ses bras, une autre servante, surveillante d’un enfant qui ne marche encore qu’en trébuchant et qui tire à grand’peine ses petits pieds du tissu de paille sur lequel il voyage, un joli blondin, qui se livre à des culbutes sans fin, qui paraît à droite, à gauche, la tête par-ci, les pieds par-là, rarement dans la position qu’ils occupent d’ordinaire, forment le second plan. Louis et Laurence ont un peu l'air de vieux mariés ; le petit jeune homme blond prend des joues et du ventre, Laurence s'est élargie, sa taille est devenue problématique, mais le visage est resté jeune et frais. Il y a du calme, de la gaieté, du bonheur dans sa physionomie. C'est une plante robuste qui s'épanouit sur la terre où elle a pris racine, et qui même, transplantée sous d'autres cieux, aurait gardé sa sève et donné son parfum.

— Joseph, va donc chercher ta femme, dit Mme Villeandré dans une de ses séances au milieu de la petite société. Pour sa première sortie, il faut qu'elle profite du beau temps que le bon Dieu nous envoie. Sa mère fera tant et si bien, qu'elle manquera cette journée précieuse.

Joseph se leva docilement ; mais Laurence qui regardait du côté de la maison, l'arrêta.

— Voici ces dames, fit-elle.

En effet, des personnes s'avançaient lentement par le petit chemin qui joignait le jardin à la ferme. A mesure qu'elles se rapprochaient, on pouvait constater le changement de la jeune femme. Enveloppée de lourds vêtements, qui formaient avec les rayons du soleil qui s'y jouaient un contraste pénible, elle marchait au bras de sa mère, ployée comme un lis qui se fane. Mme de Chateaunay la soutenait avec affectation, lui parlait, ramenait à son cou les plis de son châle et la conduisait par les ornières, ce qui se devinait aux secousses de sa marche. Quand elle arriva sur l'aire, on l'entoura, et elle s'assit sur le fauteuil qui l'attendait. Mme Boisselet et Laurence en la voyant avaient échangé un regard rapide tout plein de douloureuse surprise. Valentine avait cependant une physionomie radieuse, et, sa jolie tête renversée sur l'oreiller, elle regardait en souriant autour d'elle. D'un geste elle avait appelé Catherine, et, après avoir soulevé le mouchoir de batiste qui couvrait la figure de sa fille, elle se penchait pour l'embrasser, quand une petite main se plaça sur sa bouche.

— Maman, n'embrasse pas Titine, je ne veux pas, cria une voix.

Valentine regarda son fils, qui s'était dressé à ses côtés et dont le visage gracieux s'était empreint d'une expression furibonde.

— Tu ne l'aimes donc pas, ta petite sœur? dit-elle.

— Si, je l'aime.

— Alors laisse-moi l'embrasser.

L'enfant fit la moue, et dit en levant son petit doigt !

— Une fois.

Valentine mit un baiser sur la joue de sa fille et prit le petit Joseph sur ses genoux. Avec quelle tendresse ses

yeux se reposèrent sur la douce figure de son premier-
né, comme elle l'entourait de ses deux bras caressants,
comme elle écoutait ses petits propos en passant sa main
sur ses cheveux blonds humides de sueur, en couvrant
de baisers son front, ses joues, son cou !

Et lui la contemplait ! il y avait si longtemps, si longtemps qu'il ne l'avait vue dehors, qu'il n'avait vu briller
au soleil ses beaux cheveux qui ressemblaient aux siens !
Il ne voulait plus quitter ses genoux, et, appuyant sa
tête contre sa poitrine, il fermait les yeux, les rouvrait
brusquement et lui souriait. Tout son petit cœur d'enfant passait dans ce sourire, et être regardé ainsi, c'est
pour la mère un éclair d'ineffable bonheur qui traverse
les plus épaisses ténèbres de l'âme.

— Joseph sera jaloux, je crois, dit Laurence à Valentine bien bas.

— Un peu, mais cela passera. Comment va ta petite
Laurence ?

— Comme un enfant nouvellement sevré, ni bien ni
mal.

— Valentine, ce gros châle ne te pèse-t-il pas sur les
épaules ? crie Mme de Chauteaunay.

— Non, maman, je ne suis plus habituée à l'air et j'ai
froid, répond Valentine qui frissonne en effet sous son
châle.

Elle est si pâle en ce moment, que Laurence regarde de nouveau sa mère, puis Mme Villeandré.

La mère de Joseph avait les yeux sur sa belle-fille, et un soupir lui gonflait la poitrine.

Mme de Chateaunay jacassait comme une vieille pie. Elle racontait à Mme Boisselet de quelles attentions elle était entourée dans son couvent, quelle tendre amitié les religieuses lui portaient. Malgré tout cela, elle était malheureuse, car, elle le sentait, elle ne pouvait vivre sans sa fille, sans ses petits-enfants, et l'année suivante elle reviendrait bien certainement habiter Prévalon.

Les deux jeunes femmes s'entretenaient à demi-voix de leurs enfants. M. Dartel et Joseph s'étaient rapprochés des travailleurs et constataient que le blé était de bonne qualité. Louis s'occupait d'agriculture et avait là-dessus des théories toutes différentes de celles de son beau-père, ce qui les divisait et causait entre eux d'interminables discussions.

— Oh ! l'agriculture ! disait Mme Boisselet avec son fin sourire et une physionomie à la fois comique et lamentable, qui ne prouvait pas qu'elle la portât en son cœur.

Les deux hommes sont tout à coup rejoints par un troisième personnage, un Prévalonnais pur sang. C'est un homme de trente-cinq ans environ. Il a les cheveux rouges, les favoris rouges, le nez rouge, de gros yeux bordés de rouge, si saillants qu'on trouve tout simple qu'il porte des lunettes pour les contenir. Ce n'est pas positivement un joli homme, et cependant il a fait un mariage d'inclination. Huit jours après avoir obtenu son diplôme de docteur en médecine, il épousait sa cousine germaine, qui avait maigri d'inquiétude pendant qu'il faisait son cours de médecine. Il a maintenant une demi-douzaine d'enfants que sa femme, qui est demeurée maigre, mais non plus par sentiment, lui présente sans cesse pour combattre son insouciance et sa paresse. Mais il a si souvent ce tableau devant les yeux, qu'il n'est presque plus sensible à cette phrase.

— Pense, mais pense donc que tu as six enfants.

Il le sait aussi bien que personne, mais il n'en change pas un *iota* à ses habitudes. Il est assez bon médecin, mais ce n'est pas là sa vocation, et il ne se donne aucune peine. C'est un architecte manqué, il laisse une visite de malade pour aller surveiller les travaux d'une maison neuve. Entre une truelle et son bistouri il n'hésiterait pas, et son rêve, sa marotte, sa toquade, c'est de se bâtir une maison. Il en parle avec amour, il se décrit la distribution intérieure, il la voit pendant son sommeil, et chaque année il ajoute ou retranche quelque chose à son plan ; avec le temps cette maison deviendra une merveille, il aura si bien pensé à tout ! Quand sera-t-elle bâtie? Quand il aura de l'argent. Jamais, répond brutalement sa femme. Lui, il espère toujours, c'est une espérance vague, qui ne s'appuie sur rien, mais enfin c'est une espérance. En attendant, il court voir à dix lieues à la ronde celles qui se bâtissent, il donne ses conseils aux maçons de Prévalon et il néglige parfois ses malades, ce qui fait tempêter Mme Beautier, qui était, affirme son mari, si douce autrefois. C'est une qualité que les tracasseries du ménage et les enfants lui ont complètement fait perdre, en supposant, ce que ses contemporaines ont un peu l'air de nier, qu'elle l'ait jamais eue.

Le docteur Beautier a été mis sur son sujet favori de conversation par Louis Dartel qui bâtit une ferme ; mais, au moment où il donne d'excellents avis sur la manière de diriger les maçons, il est brusquement interrompu par Mme Villeandré, qui, le regardant de son air calme, lui dit :

— Tu ferais mieux (Mme Villeandré tutoie tout Prévalon) d'aller voir Valentine et de trouver un remède qui lui donne des forces, que de t'occuper d'affaires qui ne te regardent pas, mon pauvre Beautier.

— Mais Valentine est bien, dit vivement Joseph.

Mme Villeandré regarde le médecin :

— La trouves-tu bien, Beautier ? demanda-t-elle ?

— Vous savez ce que je vous ai dit, ma tante, elle ne sera jamais très-forte. Dame ! ce n'est pas une femme bâtie à chaux et à sable comme vous.

— Maçon, va, dit Louis Dartel en riant.

Mme Villeandré a pris le bras du médecin et l'entraîne vers l'endroit où Valentine est assise, en lui parlant avec animation.

Arrivé près de ces dames, il ôte son chapeau et examine un moment la jeune femme. Pendant ce temps, Mme de Chateaunay et Mme Villeandré discutent avec une certaine vivacité.

— Madame, Valentine est comme moi, dit d'un air pincé Mme de Chateaunay, elle veut faire son devoir dans toute son étendue et être mère jusqu'au bout. Quoi qu'il lui en coûte, elle nourrira sa fille.

— Mais, madame, si elle ne le peut sans imprudence ? reprend Mme Villeandré sans s'émouvoir, mais avec une fermeté d'accent qui n'annonce pas qu'elle se résigne à capituler.

— Mon Dieu ! cela m'étonnerait. Valentine, jeune fille, avait un très-fort tempérament ; je ne l'ai jamais vue malade et je ne l'ai pas quittée d'une minute, car je n'aurais pas pu alors, bien certainement, vivre séparée de mes enfants.

Il y a de l'aigreur, de l'amertume dans ses paroles.

Si Valentine mourait demain, Mme de Chateaunay ac-
cuserait Mme Villeandré de sa mort. Qui sait ? le chagrin
d’être séparée de sa mère l’aurait peut-être conduite au
tombeau.

Mme Villeandré lui tourne flegmatiquement le dos et
revient vers Valentine, dont la main effilée et blanche est
toujours emprisonnée dans la main tachetée de rousseurs
et couverte de poils roux de M. Beautier.

— Madame, je crois que vous feriez bien de rentrer,
dit-il ; il ne faut abuser de rien, pas même du soleil.

— Oh ! Monsieur, je suis si bien ici, dit Valentine.

Et elle regarde le ciel, les arbres, les chers visages qui
l’entourent. Pendant ces premiers mois de mélancolie
qui ont, sans qu’elle s’en soit doutée, porté une si grave
atteinte à sa santé, elle n’aimait pas à sortir, un rien la
fatiguait, l’énervait. Le vent était trop fort, le soleil trop
ardent, les chemins trop humides. Maintenant, elle est
avide d’air pur, d’ombre, et la maison lui pèse, à moins
que ce ne soit le soir quand elle regarde dormir son petit
Joseph.

Mais les arrêts du docteur sont inflexibles, et Mme de
Chateaunay se précipite vers Valentine, qui a pris le
bras de son mari. Ils se dirigent tous les trois vers la
maison.

Avant de les y rejoindre, Mme Boisselet, Mme Dartel et

Mme Villeandré entourent M. Beautier, et une conversation s'engage sur Valentine, dont le changement et l'épuisement effraient tout le monde. Il les rassure, mais il pose des conditions. D'abord il ne faut pas qu'elle nourrisse sa fille, ensuite on doit lui éviter les tracasseries et les contrariétés.

Mme Villeandré fait tout haut la remarque que la vie en est faite. Là-dessus, on se sépare un peu rassuré. Mme Villeandré reste la dernière. Sa figure est d'une gravité presque solennelle, elle regarde le soleil qui semble descendre vers la forêt et qui teint de lueurs étranges l'église et le cimetière, puis ses yeux s'abaissent sur ce coin verdoyant où elle a vu s'engloutir son mari et ses sept enfants.

— La fleur s'y coucherait-elle encore avant le fruit mûr? pense-t-elle.

Ah ! ne craignez rien, pauvre femme, la main glaciale et décharnée de la Mort cueille indifféremment, sur l'arbre de la vie, le fruit mûr et la fleur, elle abat également le chêne robuste et le frêle roseau, et on les a vus tomber ensemble.

XI

M. Beautier est dans ce qu'il appelle son cabinet particulier; c'est un espace de quelques mètres carrés, arraché aux chambres de la famille. Il a coupé en deux un grand appartement par une cloison en planches restée dans sa nudité, et il se réfugie là pour fumer et rêver à son fameux plan. On ne peut lui en vouloir de songer à se bâtir une maison ; celle qu'il occupe est laide au dehors, incommode au dedans. Tous les appartements se commandent et s'échelonnent. Du palier on monte dans une chambre, de cette chambre on monte dans le salon, du salon on monte dans une autre chambre, qui se trouve sur une hauteur relativement aux autres appartements. Pourquoi est-ce ainsi bâti? Personne n'a jamais pu le savoir. Autrefois, on était ennemi du plain-pied, rien n'est plus facile à prouver.

Cette horrible maison, mal meublée, mal tenue, est pleine de bourdonnements. Ce sont des cris, des chants, des bavardages sans fin. Les six enfants du docteur, moins le dernier qui marche à peine, la parcourent dans tous les sens et y font un tapage vraiment infernal. Mme Beautier passe une partie de son temps dans sa cuisine. Elle est active, mais d'une activité stérile, qui ne produit rien de bon. Ses deux servantes sont tour à tour ses plus chères amies ou ses ennemies déclarées. Pendant que les enfants, crasseux et mal peignés, roulent deça et delà, elle se dispute avec sa cuisinière ou elle coud en causant avec leur bonne. Elle visite assidûment les malades de son mari, et fait tous ses efforts pour lui conserver sa clientèle. Depuis qu'un jeune chirurgien est venu, on ne sait trop d'où, s'installer à Prévalon, elle ne vit plus, tant elle craint de le voir aller sur les brisées du docteur. Elle le déchire à belles dents et lui lance, quand elle le rencontre, un coup d'œil acéré, qui heureusement ne lui fait aucun mal. Au fond, elle n'est pas cependant positivement méchante. Qu'il aille exercer ailleurs, et elle l'aimera de tout son cœur, et elle vantera sa science médicale. Elle est devenue l'amie intime de Mme de Chateaunay depuis que cette dernière, qui se mêle aussi de médecine, l'a qualifié de maladroit.

Mais revenons au docteur, qui fume tranquillement dans son cabinet particulier, en regardant, non pas ses livres de médecine, qui étalent devant lui leurs reliures fanées, mais une sorte de carte pointillée de rouge qui s'étend sur le bureau où il écrit ses consultations.

Le bruit que fait sa porte, qu'on ouvre avec violence, trouble soudain sa quiétude. Il se détourne lentement et regarde sa femme, qui se tient sur le seuil, portant son dernier enfant dans ses bras, une petite fille qu'on ne peut regarder sans avoir envie de se moucher.

Mme Beautier est une petite femme maigre, qui a le front proéminent, les yeux roux, la bouche serrée, le teint gris. Elle est vêtue d'une robe noire semée de tâches ; une partie de ses épais cheveux noirs forme derrière sa tête un chignon pointu peu gracieux, l'autre partie se cache sous du papier gris et se déroulera dimanche prochain en six papillotes, qui, s'il faut en croire la chronique, faisaient autrefois le mobile et agaçant ornement d'un assez frais minois. Ce qu'il y a de certain, c'est qu'elles avaient, dans un de leurs balancements, accroché le cœur de Jacques Beautier. Maintenant, elles lui présentent le plus souvent des angles aigus qui lui font fermer involontairement les yeux, préservés d'ailleurs, comme on sait, par le verre de ses lunettes.

— Que fais-tu là ?

Telle est la brève question qui sort des lèvres pincées de son aimable moitié.

Un tumulte effroyable lui répond. Dans l'appartement voisin, des craquements se font entendre en même temps qu'une dégringolade de chaises.

Mme Beautier se retourne.

— Voulez-vous bien laisser ces chaises, vilains enfants! crie-t-elle d'une voix si perçante que l'enfant qu'elle tient se met à pleurer. Lucie, viens ici.

Une petite fille de cinq ans, laide, sale, mais vigoureuse, s'approche sans défiance et reçoit un soufflet.

— Voilà pour t'apprendre à rester tranquille, dit la mère.

L'enfant bondit en arrière et se sauve en criant entre les jambes de son père, qui, en la voyant accourir, a écarté ses genoux protecteurs et se met à caresser sa chevelure épaisse, après avoir cherché dans sa poche et lui avoir glissé je ne sais quoi dans la main.

— Oui, que fais-tu ici ? reprend Mme Beautier, continuant son discours interrompu.

— Je fume, tu vois, Mélanie, répond avec calme le docteur, qui tire son mouchoir de poche et le lui présente gravement, en montrant du geste l'enfant qu'elle porte.

— Et crois-tu que ce sera en fumant que tu nourriras tes six enfants, homme insouciant ! Voilà deux fois qu'on vient te chercher de la ferme de la Porte.

— Écoute, Mélanie, j'ai fait huit lieues aujourd'hui, il faut, que diable ! que je me repose un peu.

— En fumant et en barbouillant du papier, reprend l'épouse furieuse. Quelque jour, je mettrai tous ces plans de maison à envelopper mes côtelettes.

— Ou à te faire des papillotes peut-être ; je permets beaucoup de choses, mais je ne permettrai pas ça.

En ce moment une servante parait derrière Mme Beautier.

— Un exprès du Chêne vient d'arriver, dit-elle ; on prie monsieur de s'y rendre tout de suite, Mme Villeandré est très-mal.

— Ah ! diable ! s'écrie M. Beautier en se levant précipitamment, Mme Joseph ?

— Non, l'autre.

— Bah ? Cet homme est-il venu à cheval ?

— Oui, monsieur.

— Alors je vais me servir de sa monture.

Et prenant sa fille par la main, il pousse tout doucement sa femme, sort de son cabinet et en ferme la porte à la clef.

— En revenant tu pourras passer par la ferme de la
Porte, lui crie sa femme.

— Nous verrons, nous verrons, répond-il en traver-
sant au pas de course la chambre attenant à son cabinet
de travail, qui se trouve dans un désordre complet.

Les chaises empilées dans un coin se sont écroulées,
et se présentent dans les positions les plus pittoresques ;
les deux garçons aînés se sont pris aux cheveux dans
l'embrâsure d'une fenêtre, et l'un des rideaux pend
comme une voile déchirée ; une petite fille creuse, pour
y coucher sa poupée, un oreiller que, pour plus de
commodité, elle a placé sur le parquet ; une autre assise sur un tas de linge sale, grignotte une énorme
tartine de pain et de beurre. Une seule chose émeut Mme
Beautier, c'est la blessure faite au rideau. D'une main
nerveuse elle tire de ses plis les deux combattants ; l'un
d'eux reçoit une tape sèchement appliquée, à l'autre elle
ordonne d'aller chercher Suzanne pour raccommoder le
dégât. Il y a là une injustice flagrante, car c'est peut-
être l'innocent qui a reçu la taloche ; mais Émile, le
petit commissionnaire, cet enfant au teint lymphatique,
aux yeux bleu pâle, est son favori, et, bien qu'il avale
l'iniquité comme l'eau, aux yeux de sa mère il n'est
jamais coupable.

Pendant ce temps, le docteur galopait vers le Chêne

Il avait pour Mme Villeandré la plus grande vénération, et son apathie, il fallait le reconnaître, cédait quand une personne aimée était en danger.

On ne le voyait pas souvent prendre cette allure rapide. Monté sur son maigre bidet au poil jaune, son chapeau légèrement renversé en arrière, ce qui ne contribuait pas à lui donner l'air spirituel, il s'en allait d'habitude au petit trot par les chemins de Prévalon, délivré de Mélanie et de ses reproches, par conséquent on ne peut plus heureux.

Dans la cour, Louis Dartel, qui l'attendait, le mit en quelques mots au courant de ce qui se passait.

Mme Villeandré, parfaitement bien portante, était venue avec ses enfants dîner au Chêne. A l'issue du dîner elle s'était rendue seule à une chaumière voisine pour visiter une femme paralytique, qu'elle soignait depuis longtemps. Son fils était absent, et, la pauvre femme ayant désiré se lever pour prendre l'air à la porte de sa cabane, Mme Villeandré, présumant trop de ses forces, l'avait prise dans ses bras pour l'y porter. Elle avait fait un violent effort, qui avait eu les plus funestes suites. S'était-elle brisé un vaisseau dans la poitrine? on ne savait, mais elle avait des vomissements de sang très-abondants et s'affaiblissait de minute en minute.

Le docteur, ces renseignements donnés, monta à l'appartement où était déposée la malade. Elle était couchée tout habillée sur un lit, on n'avait jamais pu la faire consentir à ôter sa robe. Joseph, debout, tenait sa main droite entre les siennes et regardait avec un morne désespoir ce visage livide d'où la vie semblait se retirer ; Valentine, assise au pied du lit, la taille ployée, les mains jointes, laissait couler silencieusement des larmes véritablement amères ; les autres parents entouraient le lit, mais à distance, et une douleur profonde se lisait sur toutes les figures.

Quand M. Beautier entra, Mme Villeandré ouvrit les yeux et demanda :

— Est-ce Beautier ?

Il s'approcha, elle le reconnut, et d'un geste elle fit signe qu'elle voulait qu'on s'éloignât. On lui obéit, et Valentine elle-même se retira dans un appartement voisin. Mais Joseph comme si cet ordre ne pouvait le regarder, n'avait pas bougé. Elle leva vers lui ses yeux toujours calmes, et lui adressant un regard ou sembla se concentrer toute la tendresse de son âme, elle dit :

— Va-t'en.

Il serra la main qu'il tenait, la baisa et s'éloigna avec la docilité d'un enfant.

— A toi, maintenant, Jacques, dit-elle.

Le médecin l'examina scrupuleusement, consciencieusement. Elle répondit d'une voix basse mais dis-
tincte à toutes ses questions.

— Maintenant, dit-elle, tu vas me dire la vérité, la
vérité, entends-tu ! Je suis très-mal ?

Le docteur fit un signe affirmatif.

— Mourante ?

Il paraissait embarrassé.

— Votre état est grave, ma tante, dit-il, mais...

— Je suis mourante, je le sens ; puis-je vivre jusqu'à
demain ?

— Je le crois.

— Peut-on me transporter chez moi ?

— Non ; cela provoquerait de nouveaux vomissements
de sang.

— Puis-je mourir en route ?

— Peut-être.

Elle adressait ces questions avec un tel accent, qu'il
lui répondait, dominé par cet étrange sang-froid.

Elle demeura un moment silencieuse, et dit :

— C'est bien, je te remercie ; va les rejoindre et en-
voie-moi le recteur, il doit être arrivé. Qu'on fasse aussi
chercher mon petit-fils.

Il la quitta. Joseph et Valentine l'attendaient, dévorés
par la plus fiévreuse des impatiences. Les yeux baissés,

pour ne pas voir l'effet qu'allaient produire ses paroles, il répéta mot à mot sa conversation avec la malade et ajouta qu'il n'y avait rien à faire. Puis, cet arrêt de mort prononcé, il sortit de l'appartement qui s'emplissait de gémissements étouffés, pour aller s'entendre avec M. Boisselet sur le mode à employer pour transporter Mᵐᵉ Villeandré chez elle si, comme il le pensait, elle devait d'un moment à l'autre l'exiger.

Quand le prêtre qui s'était rendu près d'elle reparut, il annonça qu'elle voulait recevoir sur-le-champ les derniers sacrements, et qu'il allait les lui administrer. Joseph et Valentine retournèrent prendre leur place au chevet de son lit, en comprimant de leur mieux les élans de leur douleur.

Elle reçut les derniers secours de l'Église, et, pendant ce moment suprême, son âme parut se détacher graduellement de la terre pour s'absorber dans la pensée de l'éternité. Sa foi si vive, empruntant de nouvelles forces de la solennité de l'acte qu'elle accomplissait, rayonnait sur son visage, qui exprimait une paix profonde. La mort la surprenait en traître, mais elle la trouvait préparée. En regard des fautes de sa vie se dressaient des œuvres de foi et d'amour accomplies sous l'œil de Dieu, et le plus souvent dérobées à celui des hommes. Aussi rien ne troublait la sérénité de ses traits, ni les convulsions de l'agonie, ni le trouble profond de l'âme, ni la voix menaçante d'une conscience inquiète. Elle avait vécu suivant les sentiers de la justice, elle mourait en paix et confiante en la miséricorde du Juge devant lequel elle allait comparaître.

En rouvrant les yeux, ses premières paroles furent pour demander qu'on lui amenât ses petits-enfants. La petite Valentine ne quittait pas le Chêne. Pour que sa mère consentît à ne pas la nourrir il avait fallu que Laurence fût venue lui dire, le lendemain du jour où avait eu lieu, à huit mois de là, cette consultation en plein air qui a été rapportée :

— Je viens de faire porter ta fille au Chêne, elle devient la sœur de lait de ma petite Laurence.

Valentine avait laissé faire, touchée jusqu'au fond du cœur de cette preuve d'amitié dévouée.

Ce fut Laurence qui la porta dans ses bras auprès du lit de Mme Villeandré. Le petit Joseph, conduit par sa mère, y était déjà. En apercevant la table transformée en autel, le prêtre en surplis, les cierges allumés, il avait essuyé les pleurs qui lui étaient venus aux yeux en voyant sangloter sa mère, et sa petite figure avait pris l'air recueilli qui lui était particulier à l'église. Il s'était mis de lui-même à genoux, et les mains jointes avec ferveur, ses grands yeux levés vers son aïeule, qui ne lui paraissait pas malade ainsi habillée, il était là, devant ce lit de mort, comme un ange d'innocence détaché un instant des saintes phalanges du ciel pour venir adorer sur terre le Créateur se donnant à sa créature. Laurence s'agenouilla près de lui afin que le regard de Mme Villeandré pût sans fatigue se reposer sur l'enfant qu'elle tenait dans ses bras.

— J'aurais voulu les voir grandir, murmura la vieille dame ; mais que la volonté de Dieu soit faite !

Elle fit lentement le signe de la croix, et étendant le bras elle effleura de sa main glacée les têtes inclinées de Joseph et de Valentine, le front pur des petits enfants, tandis que ses lèvres murmuraient des paroles de bénédiction. Puis elle appela Joseph, et lui parla quelque temps à voix basse. On s'était de nouveau éloigné pour ne pas troubler cet entretien suprême, où la mère épanchait en même temps que sa tendresse maternelle ces trésors de prudence et de sagesse amassés aussi bien dans la méditation des choses éternelles que dans la longue pratique des choses du temps.

C'était une sorte de testament qu'elle confiait à la mémoire de son fils, sûre à l'avance que chacune des paroles qui tomberaient de ses lèvres lui serait sacrée. Valentine fut à son tour appelée à ce dernier conseil, elle eut sa part de recommandations et elle les écouta avec un égal respect.

Une nouvelle crise suspendit ces solennels adieux. Elle fut courte, et revenue à elle-même, Mme Villeandré demanda si on s'était occupé des moyens de transports.

— Il est temps, il est temps, répéta-t-elle.

Les habitants du Chêne voulurent essayer de la faire revenir sur sa résolution.

Tout fut inutile, et d'un ton qui n'admettait pas de réplique, elle dit :

— Je veux mourir chez moi.

Alors on fit entrer un fauteuil, que deux hommes devaient porter comme une litière. Avec des précautions infinies on y plaça la vieille dame, et on la descendit au rez-de-chaussée. Il y avait eu quelques secousses inévitables; au bas de l'escalier, les vomissements de sang la reprirent, le docteur commande une halte, et on ne se remit en marche qu'un quart d'heure plus tard. La malade était soutenue d'un côté par Joseph, de l'autre par Valentine. M. Beautier se tenait aussi près d'elle, comptant les pulsations de son faible pouls et donnant aux porteurs l'ordre de marcher ou de s'arrêter. Le trajet du Chêne à Prévalon était court et fut long à parcourir. Enfin le triste cortége arriva au bourg. La fatale nouvelle s'était vite répandue. Un groupe nombreux stationnait à la porte de la maison du notaire. De pauvres femmes, avec leurs enfants dans leurs bras, des ouvriers, des infirmes, étaient là attendant leur bienfaitrice. Quand elle parut, la douleur éclata avec une violence qui tenait du délire. Le peuple a les passions vives, sa joie ou son chagrin s'exhalent bruyamment. Quand le fauteuil fut placé sous la porte ouverte à deux battants, les femmes se jetèrent à genoux en poussant des cris déchirants. Les yeux de la mourante s'ouvrirent ; elle se vit sur le seuil de cette maison où s'était passée sa longue vie ; devant elle se dressait, dans son immobilité, l'église où elle était entrée jeune et souriante le jour de son mariage, où elle avait suivi le front morne, les cadavres de ceux qu'elle avait aimés, où elle avait si souvent prié ; elle se vit entourée de ses enfants, des pauvres qu'elle avait secourus, des malades qu'elle avait soignés, des orphelins dont elle s'était faite la mère. Ses yeux cherchèrent son fils, puis se levèrent vers le ciel, dont le bleu sombre se parsemait d'étoiles , une dernière convulsion agita son corps, et elle pencha la tête sur sa poitrine en poussant un soupir, le dernier.

Sa dernière volonté avait été accomplie : elle avait revu l'étroit horizon auquel son regard était habitué, elle était morte chez elle.

XII

Mais détournons un instant nos regards de ces scènes de deuil pour les porter vers le château de Prévalon, où viennent d'arriver ceux qui représentent la haute aristocratie dans le pays. Le château s'élève au milieu de la forêt. Une magnifique allée de vieux hêtres lui sert d'avenue. Les beaux arbres ! Ils sont là comme des géants régulièrement alignés, agitant sous la brise leur épaisse chevelure, la mousse recouvre de velours le piédestal qui entoure leur large tronc. Les feuilles sèches entassées, parure flétrie des saisons dernières, parsèment de taches fauves l'avenue sombre. De chaque côté du majestueux chemin se voient les sentiers percés dans la forêt, le regard se perd en suivant cette ligne droite et verte tracée entre d'épais taillis. Quelles teintes moelleuses a l'herbe qui tapisse ces routes charmantes ! Tous

les jours la rosée la rafraîchit, le soleil y rayonne discrètement et l'homme n'y laisse pas la trace de ses
pas.

Le château ne dépare pas le cadre grandiose où il
marque sa place. La cour d'honneur est vaste, le perron est en granit noirci par les siècles, et ses deux tou-
relles ne sont dépassées que par les géants de la forêt.

L'homme à qui il appartient ne porte pas un de ces
noms sonores qui semblent l'écho des âges, et qui
sont burinés sur le livre d'or de l'histoire ; mais sa noblesse est ancienne, sa position sociale le place au premier rang dans sa province et à Paris, il descend des
comtes de Prévalon ; en cherchant bien on trouverait
son nom au plafond de Versailles, et il possède dans un
coin de son vieux château une énorme liasse de parche-
mins poudreux, qu'il lui suffirait d'ouvrir pour prouver
que le titre qu'il porte n'est pas une coquetterie de mince
gentilhomme.

Cependant, quand dans un salon de Paris on annonce
M. le comte de Prévalon, le titre paraît lourd pour les
épaules inégales du petit homme qui se présente. La
nature s'est montrée par trop avare envers lui. Ce corps
contrefait est surmonté par une tête énorme. Le visage
est laid, désastreusement commun, et, si la bonté s'y
peint, l'intelligence n'y rayonne pas. Mais voici venir

madame la comtesse, et la surprise tourne à l'ébahisse-
ment. Malgré ses quarante ans passés, la comtesse de
Prévalon est encore d'une beauté splendide. La noblesse
de sa taille, la fierté de son maintien, l'harmonieuse
régularité de ses traits, l'éclat de son teint, de ses
yeux, de ses cheveux, d'un noir brillant, lui méritent
encore l'attention générale, l'admiration universelle:
un peu de hauteur, de cette hauteur de bon aloi qui
frise l'arrogance sans y tomber grossièrement, va bien
à cette belle femme qu'on regarde beaucoup en passant, mais vers laquelle on ne se sent nullement attiré.
Et puis on s'adresse la question suivante : Comment
a-t-elle pu consentir à devenir la femme de ce pauvre
bossu, dont l'infirmité l'humilie ? D'abord parce qu'il
pouvait poser une couronne fermée sur ce front altier,
ensuite parce qu'il devait posséder dans l'avenir quatre-
vingts mille livres de rente, et qu'il pouvait en attendant
en jeter la moitié aux pieds de cette belle Junon. Elle
l'avait donc épousé par orgueil et par intérêt, surtout
par intérêt, car elle était elle-même de très-vieille ex-
traction et jouissait d'un revenu de dix mille francs, ce
qui était alors une fortune. Mais qu'était cela auprès de
l'opulence réservée au dernier rejeton des comtes de
Prévalon. René de Prévalon était en effet l'unique, l'in-
direct et le misérable héritier d'une forte race. Et ce-

pendant, en regardant de vingt ans en arrière, on voyait au château de Prévalon trois fils, trois beaux jeunes gens, orgueil du vieux comte de Prévalon, leur père. La destinée ne leur avait pas été favorable. L'aîné était mort jeune de la mort du soldat, le plus jeune s'était lancé dans une vie de désordres et était mort garçon au loin, oublié, méconnu, ainsi qu'il méritait de l'être ; le troisième avait vu s'éteindre un à un tous ses enfants. Et voilà par quelles circonstances la belle Hermine de Palmircl était devenue châtelaine de Prévalon. La chronique, — rien n'est indiscret comme une chronique, — la chronique racontait que la recherche du pauvre bossu, énergiquement repoussée jusque-là, n'avait été agréée que le jour où le comte de Prévalon devenu veuf avait, un mois après la mort de son dernier enfant, mandé au château de Prévalon le fils de son cousin germain et lui avait dit :

— Mariez-vous, et venez demeurer à Prévalon, puisque Prévalon doit vous appartenir.

Et, avec un sourire mélancolique, le malheureux vieillard avait ajouté :

— Ne craignez pas, je ne vous ferai pas attendre longtemps.

M. de Prévalon se maria, mais continua seul ses visites à son oncle, et n'habita jamais complètement avec

lui. Mme de Prévalon, sachant qu'elle n'avait pas à redouter un changement de dispositions, ne se gênait pas
et trouvait Prévalon une résidence triste. Le comte de
Prévalon vécut plus longtemps qu'il n'avait paru le pré-
dire, et il n'y avait guère que six ans qu'il était mort
sans rien distraire de sa belle fortune, qui retourna
à son héritier naturel.

M. et Mme de Prévalon n'avaient eu qu'un fils, que la
comtesse avait marié à vingt ans à une femme de dix-sept.
Ces deux jeunes époux formaient le plus gracieux
couple qui eût jamais foulé les épais gazons de Prévalon.
Gaston de Prévalon, grand, bien fait, n'était pas laid
comme son père, mais n'avait pas non plus hérité de la
beauté de la comtesse. C'était, à tout prendre, un aimable
et charmant garçon, fort épris de sa femme et de la
chasse, et ordinairement soumis à sa mère.

La vicomtesse Aiix pliait plus parfaitement encore sa
volonté sous cette volonté impérieuse. Heureuse, belle,
aimée, elle se souciait fort peu d'être traitée en enfant,
et n'exerçait d'autorité que sur son fils Christian, un
ravissant baby de deux ans passés, qui lui ressemblait.

Depuis la mort du comte de Prévalon, le château avait
à peine vu ses possesseurs. La famille de Prévalon partageait son temps entre Paris, une villa à Versailles et les
voyages. Dans la saison de la chasse, le père et le fils

venaient seulement y passer quelques semaines. Le garde avait donc été fort étonné en recevant l'ordre de faire aérer tous les appartements et de tout préparer, non plus pour recevoir M. de Prévalon, mais la famille au grand complet.

Pour quel motif la comtesse de Prévalon venait-elle s'enterrer au fond de cette Bretagne si longtemps dédaignée, si parfaitement mise en oubli. Il n'était pas facile de le savoir. En déclarant que désormais elle passerait l'été à Prévalon, la comtesse avait donné les deux raisons suivantes : Gaston aimait passionnément la chasse, il était tout naturel qu'il vînt chasser sur ses terres ; il était destiné à devenir un des grands propriétaires du département, il était bon qu'il s'y fît sérieusement connaître et qu'il se mêlât personnellement de ses affaires. On en crut ce qu'on voulut, et les motifs réels continuèrent à être cherchés sous les prétextes officiels. Il y en avait qui disaient qu'il était temps que la grande dame pratiquât un système quelconque d'économie pour réparer les brèches faites à sa fortune par des dépenses mal calculées et très-follement exagérées ; d'autres, que ses quarante ans pouvaient bien ne pas rester étrangers à ce goût subit de retraite, et qu'elle se réfugiait dans son château solitaire pour s'habituer à se voir des rides au visage et des cheveux gris aux tempes, et en prendre bravement son parti. Mais tout cela pouvait bien être une belle et bonne médisance, et la médisance se faufile dans les cercles aristocratiques comme ailleurs.

Or, dans le monde brillant dont elle faisait légitimement partie, elle n'était pas aimée. Son orgueil dominait tellement tous ces orgueils, qu'il s'en faisait redouter. Dans une intrigue de salon, elle avait récemment joué un rôle qui lui avait attiré l'animadversion de plusieurs. Elle avait voulu, à l'aide d'une intrigue, fermer un salon parisien, type de la haute fashion, à une jeune femme qui, par sa naissance, ne lui paraissait pas digne de cet honneur. Pour cela, elle avait passé certaines bornes et froissé l'amour-propre même des siens. On s'était tourné contre elle, et l'excès de dédain avait engendré l'excès d'indulgence chez les plus généreuses. La jeune femme était charmante, riche, d'une famille parfaitement honorable et n'avait pas épousé son mari seulement pour son nom ; elle triompha de la cabale ourdie contre elle, et cet échec comptait bien un peu parmi tous les motifs qui ramenaient la comtesse à Prévalon.

L'arrivée des châtelains avait causé une espèce de joie vertigineuse aux Prévalonnais et donné une sorte d'animation au bourg. Des voitures le traversaient sans cesse, des laquais en gilet rouge y apparaissaient, Gaston et Alix s'y promenaient, la calèche aux panneaux armoriés y amenait la comtesse. On ne parlait plus que d'eux. Ce qu'on appelait le parti libéral, par son principal organe, l'épicier marchand de vin, s'effrayait de voir revenir s'établir au sein du pays ces légitimistes, ennemis déclarés du roi citoyen. Ce qui n'empêchait pas qu'on ne reçut chapeau bas le premier valet qui se présentait, demandant de la cannelle ou un pain de sucre. Dans le monde officiel, on plaisantait de la bosse de M. le comte, on s'entretenait de la beauté rare et hautaine de la comtesse, de l'air gracieux et distingué de la vicomtesse Alix. Dans la société bourgeoise, les vieux parents parlaient des vieux Prévalon qu'ils avaient connus, les jeunes gens et les jeunes filles s'extasiaient sur la grâce élégante de la jolie amazone et du cavalier blond qu'on voyait assez souvent chevaucher côte à côte sur les routes.

Dans la maison de Mme Villeandré, on savait à peine leur arrivée. On ne pensait encore qu'à regretter celle sur la tombe de laquelle l'herbe commençait à pousser.

Se souciant fort peu de ce que peuvent penser d'elle les habitants de ce petit bourg, qu'elle a plusieurs fois traversé sans y prendre garde, la comtesse de Prévalon paraît songer assez tristement dans son grand salon, pièce immense, meublée avec un luxe vieux de vingt ans, mais empruntant des seules tapisseries et des nombreux portraits qui ornent ses murs une souveraine magnificence d'aspect. Il y a dans ces appartements, si longtemps inhabités, une sorte d'humidité tenace, à laquelle on fait la guerre. Un petit feu brûle derrière les lourds chenêts à têtes de cuivre, et la comtesse, debout, une main sur le marbre noir de la cheminée, a l'air de présenter à ce semblant de flamme ses pieds chaussés de pantoufles richement brodées.

Au dessus de la cheminée, se trouve une haute glace qui touche au plafond. Ses yeux gris de fer sont rivés sur sa propre image. Traduisez l'expression de ce morne et implacable regard. Il constate ce que les yeux étrangers ne voient pas bien encore, à savoir que le temps, après avoir longtemps respecté l'idole, s'est décidé à lui jeter sa première pierre, et que la destruction est proche. Mme de Prévalon a, comme on le sait, un immense orgueil. Une de ses supériorités, celle à laquelle elle tient le plus, celle qui lui a valu les hommages auxquels elle a été le plus sensible, sa beauté, va lui échapper. Elle le voit, elle le sent, et elle commence à embrasser, d'une étreinte doublement vigoureuse, ces autres fantômes qui aveuglent l'âge mûr, et qui ne s'évanouissent, ceux-là, que devant la tombe béante : la vanité de l'ambition, la vanité de la richesse, la vanité du rang. Elle voudrait multiplier sa fortune, car l'argent est nécessaire à sa prodigalité, elle veut que son fils brille au premier rang, elle a pour les priviléges de sa naissance un fanatisme qui dégénère depuis quelque temps en une morgue insupportable

Rien ne trouble Mme de Prévalon dans ses méditations, et cependant elle n'est pas seule. Une table ovale, aux sculptures dorées, couverte de livres et de journaux, est poussée dans la large embrasure de la fenêtre la plus rapprochée de la cheminée. D'un côté de cette table, M. de Prévalon lit un journal, que naguère, à sa parure fleurdelisée, vous auriez reconnu pour *la Quotidienne*, — le fronton de l'édifice a changé, mais non les idées ; — de l'autre côté, un jeune homme vêtu simplement, sévèrement, paraît enfoncé dans la lecture d'un ouvrage broché que le facteur vient d'apporter. Ce jeune homme, au teint pâle, aux cheveux longs, à l'air pensif, représente une des actions généreuses de Mme de Prévalon. Elle l'a pris tout jeune enfant dans une misérable mansarde de Paris. Elle l'a fait élever, instruire. Du petit séminaire, où s'est passée son adolescence, il est revenu chez elle, pour songer sérieusement à l'état de vie qu'il veut définitivement embrasser. C'est pourquoi il se trouve à Prévalon.

Il aime Gaston comme un frère, il a pour M. de Prévalon une reconnaissance affectueuse, il éprouve pour la comtesse, qui le traite avec une certaine déférence assez inexplicable, une sorte d'affection défiante et craintive. On lui accorde les plus heureux dons de l'intelligence, on assure que sa vocation le pousse vers l'état ecclésiastique. Pendant cette vie de loisirs forcés et d'apparente liberté, il ne perd pas son temps. Il étudie, et dans le silence de la campagne il prépare son dernier mot sur sa destinée. Prêtre ou soldat, voilà l'alternative qu'il se pose à lui-même.

C'est une nature à la fois enthousiaste et réfléchie, une âme pleine de foi et d'élan.

A seize ans, il suivait avec l'intérêt d'un homme les débats passionnés soulevés par cette généreuse, ardente et téméraire école qui écrivait *l'Avenir*. Il a admiré leur éclatant et précoce génie, il a applaudi à leurs saintes hardiesses, il s'est ému, il s'est indigné, il s'est soumis avec eux.

Gaston et lui ont parfois des conversations intéressantes, qui sont une des distractions de la comtesse. Elle aime à deviner chez son fils, qui est sa seule affection réelle, une intelligence d'élite, supérieure à la sienne, mais qui, dans une vie oisive et facile, ne sera peut-être jamais suffisamment développée. Charles Michel, qu'on appelle toujours M. Charles, est, sous ce rapport, pour le jeune homme une société précieuse.

Le silence qui règne dans le grand salon est soudain interrompu par la voix d'une femme de chambre, qui demande si madame la comtesse peut recevoir M. Jérôme Villeandré.

— Ah ! monsieur Villeandré, dit M. de Prévalon en déposant son journal.

— Qui sont ces gens-là? demande négligemment sa femme.

— Une très-honorable et très-influente famille de Prévalon. J'ai vu les Villeandré chez mon oncle autrefois. Mme Villeandré, la mère du notaire actuel, était une femme bien estimable.

— Elle est morte, je crois, dit Charles ; il me semble que la tombe nouvelle qu'on plaçait ce matin porte ce nom.

— Hélas! oui ; et, d'après ce que l'on m'a dit, le pays entier la pleure.

— Clémentine, dit Mme de Prévalon en s'adressant à la femme de chambre, allez me chercher mon portefeuille de maroquin rouge. Vous le trouverez sur la table de ma chambre.

— Ma chère amie, dit vivement M. de Prévalon, qui connaît les habitudes de sa femme, je vous prie de ne pas faire faire trop longtemps antichambre à M. Villeandré.

— Cinq minutes d'attente dans le petit salon n'ont rien de bien offensant, et je veux m'assurer que c'est bien une personne de ce nom qui m'a écrit il y a quelques jours une lettre assez singulière et fort énigmatique.

Clémentine reparaît avec le portefeuille demandé.

Mme de Prévalon l'ouvre, y prend une lettre, la déplie et jette les yeux sur la signature.

— C'est bien cela, murmura-t-elle.

Et elle ajoute :

— Faites entrer.

La servante disparaît, et peu après la porte se rouvre devant M. Jérôme Villeandré. Il est mis presque proprement. Il s'avauce sans embarras, salue Mme de Prévalon qui s'est assise, M. de Prévalon qui le regarde avec un certain étonnement, car il ne se rappelle pas ce Villeandré-là ; et, repoussant en arrière le fauteuil que Charles Michel lui présente, il s'incline encore en disant à la comtesse:

— Ne pourrais-je vous voir en particulier, madame ? Dans la lettre que je vous ai écrite, je sollicitais cet honneur.

Mme de Prévalon le regarde fixement. Ce vilain petit homme a d'étranges manières, et elle ne comprend pas ce qu'il peut avoir de si mystérieux à lui dire.

Elle se lève, et lui fait signe de la suivre. Ils sortent tous les deux.

Presque au même instant entrent par une autre porte Gaston et sa femme. Ils portent sur leurs deux mains réunies le beau petit Christian, que cette manière de voyager amuse fort. Arrivés au milieu du salon, ils se penchent. Un double baiser retentit et l'enfant se retrouve sur ses petites jambes. Il court vers son grand-père, qui le prend sur ses genoux.

— Que lis-tu, Charles ? demande le jeune homme en s'approchant de la table.

Charles lui tend sa brochure.

— Ah ! les *Affaires de Rome*, de ce terrible Lamennais ; c'est affreux, et il se perd définitivement. Encore un astre qui tombe. C'est une grande perte. Avez-vous vu quelque chose de nouveau dans votre journal, mon père ?

— Rien de bien intéressant. Mais la nouvelle qui t'a si désagréablement ému se confirme. Monseigneur de Paris, m'écrit mon cousin d'Arberoy, médite de laisser à l'abbé Lacordaire le temps de se retremper dans la prière et la retraite.

Gaston a été l'un des plus fervents auditeurs de l'éloquent conférencier ; le Carême dernier il n'a pas manqué une des conférences de Notre-Dame. Il en parle souvent,

et il attend avec une impatience sans bornes le moment
où il pourra de nouveau entendre cette parole qui a
profondément remué les intelligences. Aussi se montre-
t-il tout disposé à combattre la sage mesure de Mgr de
Quélen. Une discussion s'engage entre lui et Charles,
qui défend l'archevêque ou plutôt sa mesure, car Gaston
est trop bon catholique pour se montrer irrespec-
tueux. Enfin il soutient qu'il faut à la jeunesse l'abbé
Lacordaire.

Alix, qui appuie sa taille svelte contre le marbre de
la cheminée, écoute le débat avec intérêt. Gaston, debout, parle avec feu et s'anime au bruit de ses propres
paroles; Charles, les bras croisés, lui répond avec calme
et oppose à sa chaleureuse sortie une froide mais très-
logique réponse. M. de Prévalon, qui a un peu perdu
le fil de leurs idées, car elles s'élèvent insensiblement,
pense qu'ils parlent bien tous les deux. Alix trouve son
Gaston fort éloquent, mais reconnaît que les raisons de
son ami sont meilleures. Le beau petit Christian déchire
tout doucement *la Quotidienne,* et cela l'amuse, car il
rit très-fort.

Au plus intéressant de la discussion, la porte qui
donne dans le cabinet où la comtesse a conduit M. Villeandré se rouvre devant eux. Jérôme Villeandré a absolument le même air que tout à l'heure, Mme de Pré-

valon est-très pâle. L'avare refuse de s'asseoir, salue à la hâte et quitte l'appartement, conduit par la comtesse. Cette marque de politesse excessive sort tellement de ses habitudes, qu'Alix demande à Charles :

— Qui donc est ce monsieur?

— C'est M. Villeandré, madame.

— De Prévalon?

— De Prévalon.

— Serait-ce le mari de cette jeune femme que nous avons rencontrée tantôt, Gaston? Mais, Gaston, tu ne vas pas recommencer ta discussion, je pense, réponds moi?

— Non, son mari est mieux que cela. Tu ne connais pas Joseph Villeandré, Charles? c'est un excellent garçon.

— Sa femme est charmante, reprend Alix, et paraît beaucoup plus distinguée que ces dames de Prévalon.

Elle se mit à rire.

— Celle d'hier était-elle drôle, mon Dieu! avec ses papillotes de papier gris. Je crois vraiment qu'elle mettait son mari à la porte.

— C'est probable, répond Gaston en riant aussi; le docteur Beautier n'est pas positivement le maître chez lui, mais aussi il a six eufants.

Toute personne qui a passé huit jours à Prévalon

connait le reproche qui est devenu un lieu commun conjugal dans la bouche de Mme Beautier, et à l'automne dernier Gaston en a été informé.

— Mais cette Mme Villeandré, je le répète, est très-bien. Je la vois encore d'ici agenouillée auprès de l'église sur une grande tombe de pierre grise. Elle m'a rappelé une statue de la Mélancolie que j'ai vue quelque part. — Quand ferons-nous nos visites à Prévalon, Gaston ? Je serais bien aise de la voir, elle et Mme Dartel, du Chêne, cette jeune femme dont vous m'avez parlé. Elle est plus jeune que Mme Villeandré, n'est-ce pas ?

— Oui.

— On les dirait du même âge, mais la faiblesse physique de Mme Villeandré la rajeunit. Elle a l'air d'une poitrinaire avec son teint pâle et ses grands yeux clairs si tristes. Ah ! mon Dieu, mon père, voyez donc ce que fait Christian.

La jeune femme court à l'enfant pour lui arracher les derniers lambeaux de la gazette. Gaston et Charles rient aux larmes de la belle résistance du petit Christian, qui serre ses mains potelées sur le papier.

La comtesse rentra au milieu de cet accès de gaieté.

Elle marcha droit au fauteuil placé contre la cheminée et s'y assit. Le jour baissait, le salon devenait obscur, des flambeaux furent allumés, la table dérangée, et, en attendant le souper qui avait lieu à huit heures, Charles et Gaston lurent tour à tour, ainsi qu'ils le faisaient chaque soir. M. de Prévalon s'assoupit peu à peu, Alix écouta tout en travaillant à un petit métier en bois d'acajou, fort joliment sculpté. La comtesse, tournée vers le feu, enfoncée dans son fauteuil, demeurait, les yeux fermés, immobile et muette.

Aux questions qui lui avaient été adressées sur le motif de ce silence obstiné, elle avait répondu qu'elle avait la migraine.

XIII

Dans le salon plus modeste du Chêne, une partie de la famille Boisselet est réunie. Mme Boisselet tricote avec ardeur. Depuis qu'elle est grand'mère, elle s'est adonnée au tricot ; la confection des petits bas charme ses loisirs. Son mari et son gendre viennent de rentrer, et ils discutent avec une vivacité qui commence à inquiéter la mère de Laurence. Il s'agit d'instruments aratoires ; M. Boisselet tient au vieux système, il compte parmi les routiniers ; Louis Dartel vante le nouveau, il se range parmi les novateurs. Le désaccord est donc complet entre eux, et, il faut le dire, ils sont tous les deux têtus comme des Bretons. Mme Boisselet tricote avec calme, mais elle lance parfois un coup d'œil vers le coin du salon où l'on discute. Elle veut conserver sa fille près d'elle, elle aime la paix intérieure, et elle craint toujours qu'à la suite d'un de ces entretiens où M. Boisselet apporte la violence de son caractère, Louis, la ténacité particulière aux hommes doux, il ne s'ensuive une querelle qui brouille les deux ménages. Elle jette parfois au milieu du dialogue des deux agriculteurs une parole qui a pour but de le briser, de faire diversion, mais sa phrase tombe comme une balle perdue dans le bataillon ennemi ; c'est un gant que personne ne ramasse, et le feu continue.

Une réponse de son gendre fait enfin éclater le courroux de M. Boisselet. Il fait deux ou trois pas gigantesques vers sa femme, qu'il vient prendre à témoin. Il est écarlate, il a les yeux arrondis et le front plissé.

— As-tu entendu ton gendre, dit-il d'une voix étranglée, l'as-tu entendu ?

— Il me serait difficile de ne pas vous entendre, mon cher ami, vous criez tellement tous les deux.

— Il ne s'agit pas de cela. Le reproche qu'il me fait est-il mérité? l'est-il?

— Quel reproche?

— Comment! il me dit que ma récolte n'a rien valu l'année dernière, et que c'est grâce à ma routine. Donc je suis un homme incapable, un routinier, un imbécile.

— Mon père...

— Vous me l'avez dit, et voilà ma femme qui jugera comme moi du sens injurieux que renferment vos paroles. Me dire que ma récolte a manqué par ma faute, c'est, n'est-ce pas, Marie, me dire implicitement que je ne suis qu'un âne bâté en fait d'agriculture. C'est cela qu'il a voulu m'insinuer; tu le comprends, tu le sens?

Mme Boisselet passe avec le plus grand sang-froid ses doigts sous ses narines, et répond d'un ton posé :

— Je sens que Louis, après s'être promené dans les étables et dans les écuries, n'a pas changé de chaussure, ainsi que je l'en ai prié. Le fumier est précieux, je le sais, mais au salon il me semble déplacé.

Mme Boisselet, qui n'a plus d'espoir que dans la retraite de son gendre, voudrait qu'il prît le prétexte qu'elle lui offre de l'effectuer, sans avoir l'air de déserter le champ de bataille ; mais le jeune homme fait la sourde oreille.

Un silence de mauvais augure succède à cette phrase. M. Boisselet marche avec agitation ; s'il recommence l'énumération de ses griefs, il lâchera quelque grosse sottise qui pourrait ne pas être facilement oubliée. La position est vraiment grave ; heureusement arrive à temps un auxiliaire inespéré ; c'est Laurence : elle a son châle, son chapeau, ses gants.

— Où vas-tu ? lui demande sa mère.

— Voir Valentine et lui demander quand il lui plaira de reprendre sa fille. Je commence à trop aimer cette enfant-là, il est temps qu'elle retourne chez elle.

Et la jeune femme, qu'un rapide regard de Mme Boisselet a mise au courant de la situation, ajoute avec un à-propos qui fait honneur à sa perspicacité :

— Louis, je venais te demander de m'accompagner ?

Le jeune homme, qui au fond n'est pas fâché de donner à sa sortie une couleur des plus naturelle, la suit d'assez mauvaise grâce, comme si cette complaisance lui coûtait beaucoup en ce moment.

C'est alors que M. Boisselet, qui s'est suffisamment excité, commence sa seconde philippique, dont son gendre auquel il l'adressait ne devait heureusement entendre que les premiers mots. Mme Boisselet reçut la terrible bordée sans sourciller. Il ne s'agissait rien moins que de séparer tous les intérêts et de se mettre chacun chez soi. N'étant plus contredit, sa colère coulait comme un torrent né d'une pluie d'orage, et se tarissait comme lui. Le calme de sa femme lui causait d'ailleurs une sorte d'exaspération tout à fait étrangère au sujet qui l'occupait, les forces se divisaient. Après une série de gestes furieux, de menaces effroyables, d'exercice forcé, il se dirigea vers la porte d'un pas si rapide et si saccadé, que les basques de son habit s'en soulevaient, et il sortit.

Mme Boisselet respira longuement et sourit. Le grand air allait faire évanouir la fermentation du sang. Dans un quart d'heure la querelle serait oubliée.

Laurence et son mari se dirigeaient vers le bourg, et la jeune femme écoutait avec une placidité digne de sa mère les plaintes qu'exhalait Louis. Cela dura jusqu'au bourg. Sur la place, Laurence lui dit quelques paroles bien sensées, bien affectueuses, le remercia, ajoutant qu'elle se ferait reconduire si elle prolongeait tard sa visite, et le vit s'éloigner la physionomie toute rasérénée. Comme elle allait franchir le seuil de la porte de Mme Villeandré, elle se trouva face à face avec

Joseph qui sortait. Elle lui demanda des nouvelles ; il répondit tristement que rien n'était changé. Depuis la mort de sa belle-mère, la faiblesse physique de Valentine avait augmenté, sa faiblesse morale était revenue. Etait-elle réellement plus malade, et les souffrances du corps réagissaient-elles sur l'âme ? ou était-elle seulement atteinte d'un nouvel accès de cette tristesse étrange à laquelle elle s'était abandonnée dans les premiers temps de son mariage? Aucun de ceux qui l'entouraient n'aurait su le dire. Ce qu'il y avait de certain, c'est qu'elle était retombée dans son indifférence passée. Sa mère, qui était demeurée près d'elle, s'occupait du ménage, et Dieu sait comment cela marchait. Elle ne sortait plus, et tous les objets extérieurs avaient revêtu pour elle l'aspect attristant des premiers temps. La vue du cimetière lui faisait mal, le son des cloches la faisait pleurer. Elle s'occupait exclusivement du petit Joseph. Seul il avait le pouvoir de l'arracher à cette atonie dangereuse, surtout dans la position où elle se trouvait, car elle allait être mère pour la troisième fois.

Tout cela attristait le bon Joseph sans trop l'inquiéter. Mme de Chateaunay ne s'apercevait pas du dépérissement de sa fille, et le regard sûr et clairvoyant qui veillait autrefois sur cet intérieur s'était éteint.

Le petit Joseph était légèrement indisposé.

— Vous trouverez Valentine près du lit de l'enfant, dit le notaire, depuis hier elle n'en bouge.

Sur ce renseignement, ils se quittèrent. Laurence monta à l'appartement de Valentine, qui était celui de son fils. La porte en était entr'ouverte, et, de l'appartement qu'il fallait traverser pour s'y rendre, Laurence entendit cet étrange dialogue :

— Vous me le promettez? disait une voix 'altérée pleine de larmes, vous ne les quitterez jamais ! jamais !

Un sanglot, sorti d'une poitrine évidemment robuste, répondit.

— Vous leur parlerez de moi, vous leur direz combien je les aimais, reprit la voix qui pleurait ; vous le leur direz souvent, Catherine ?

— Tous... les... jours... madame.

Laurence s'était arrêtée. Quand les voix se turent et qu'on n'entendit plus qu'un bruit de sanglots étouffés, elle continua son chemin le cœur serré, et ouvrit la porte sans bruit. Le petit Joseph dormait sans fièvre apparente. Valentine, assise sur le bord du lit, les mains jointes, le regardait avec une expression indéfinissable. L'amour sans mesure, la douleur sans remède, se fondaient dans le regard fixe qu'elle attachait sur son fils.

De grosses larmes roulaient sur ses joues pâlies; elles coulaient sans effort: c'était un vase trop plein qui débordait, une source longtemps comprimée qui jaillissait enfin. Catherine était debout, à quelques pas, les bras pendants, les traits contractés. Sur sa figure brune, énergique, se peignait un chagrin violent. Depuis le jour où elle avait été en quelque sorte donnée à cette femme délicate et pensive, qui, à peine arrivée dans sa nouvelle demeure, avait trouvé une bonne parole à lui adresser, elle s'était dévouée à elle corps et âme. Valentine, après Dieu, était devenue tout pour elle, et, il n'y avait qu'un instant, elle venait de lui donner une preuve suprême de son attachement en lui promettant solennellement de ne pas quitter ses enfants. Et elle avait fait sans hésiter cette promesse, qui pourtant anéantissait ses projets d'avenir. Devant le désespoir de sa maîtresse bien-aimée, elle s'était engagée sans donner une pensée à ce brave Guillaume du Chêne, qui comptait bien l'épouser une fois l'argent du mobilier amassé, ce qui, grâce à Dieu, arriverait bien dans deux ans.

Catherine aperçut la première Laurence, qui s'avançait lentement dans la chambre.

Elle courut à elle.

— Venez! venez! dit-elle en joignant les mains; venez lui dire qu'elle ne mourra pas. Cela me tue le cœur de l'entendre et je ne sais pas la consoler.

Elle entraîna Laurence près du lit.

— Valentine, dit tendrement la jeune femme en passant un de ses bras autour du cou de son amie, pourquoi te faire mal inutilement? Cela n'est pas raisonnable, car enfin tu n'es pas malade comme tu le crois.

Valentine tourna vers elle son visage tout ruisselant de larmes :

— Tu veux me consoler, balbutia-t-elle, et pour cela tu mens.

— Non, répondit Laurence avec feu ; tu es affaiblie, fatiguée, rien de plus.

— Tu ne dis pas ce que tu penses.

— Sur ma conscience, Valentine, je ne te crois pas mourante du tout.

— Oh ! que ne dis-tu vrai ! s'écria la pauvre femme en se tordant les mains avec désespoir ; moi aussi, j'ai voulu m'abuser. Malheur à celui dont l'air me révélait qu'il devinait mon dépérissement ; sa vue m'était odieuse. Jamais une plainte, jamais un mot de pressentiment ne sont sortis de mes lèvres. J'étais bien portante. Ceux qui m'entouraient devaient le dire et le croire ; et, comme je les trompais, on cherchait la

cause de mes bizarreries, de mes accablantes tris-
tesses, du changement survenu dans mon caractère, et
on disait que c'étaient les nerfs. La cause, elle était bien
facile à deviner ! C'est mon désespoir de me sentir mourir, de quitter mon mari, mes enfants, c'est la vraie,
c'est la seule !

Elle se tut un instant. Sa voix était rauque, sa poitrine oppressée, et un flot de larmes, de larmes brûlantes et pressées, jaillissait de dessous ses paupières.
Laurence, devant l'explosion de cette douleur, demeurait sans mouvement et sans voix.

— Car, vois-tu, reprit-elle, je ne veux pas mourir
maintenant, je veux que mes enfants me connaissent, et
voici mon petit Joseph, pour lequel, si je meurs, je ne
serai pas même un souvenir. Cela est affreux à penser !

Elle prit la main de l'enfant :

— Il m'aime tant, lui ! C'était un si grand bonheur
pour moi que sa tendresse ! Maintenant elle me navre !
Regarde-le, il dort, et je pleure ! Tout à l'heure il m'appelait dans son sommeil ; je suis sa seule pensée ! son
seul amour ! Oh ! mon enfant ! mon enfant !

Ses lèvres se posèrent sur la petite main ; elle pressa
convulsivement de ses deux bras le petit corps caché
sous les couvertures.

Laurence était navrée, mais elle avait déjà vu plusieurs fois cette frêle santé se raffermir ; elle espérait encore, et elle le dit courageusement et avec un accent de conviction qui parut impressionner Valentine. Elle se leva sans répondre, lui prit la main et marcha péniblement vers la fenêtre.

D'une main fiévreuse elle écarta d'abord les lourds rideaux croisés, puis les petits rideaux blancs qui se plissaient contre les vitres, et, se tournant vers Laurence, elle dit :

— Regarde-moi !

Une lumière vive, presque criarde, qui faisait saillir la ride la plus légère, l'enveloppa, et Laurence réprima à grand'peine un mouvement d'effroi, tant le changement qui s'était opéré en elle, dans ces trois semaines pendant lesquelles elle avait gardé la chambre, était frappant.

Son cou élégant fléchissait, ce qui lui faisait pencher la tête à gauche ; tous les angles de sa face se montraient sous la peau diaphane ; le front et les joues avaient la couleur de l'ivoire jauni ; les narines étaient mobiles et transparentes. Ses grands yeux fermés, elle devait ressembler à un cadavre.

— Oui, regarde-moi au grand jour, reprit-elle, et dis-moi maintenant que je m'exagère mes craintes. Ah ! c'est que, quand je consulte mon miroir, il ne me ment pas, lui ! Il me révèle tout avec brutalité, mais avec vérité. J'ai d'abord vu ma beauté se faner. Du jour au lendemain, cela s'est fait, mais que m'importait ! Et puis sont venues la vieillesse, la décrépitude ; ce n'est pas trop dire. Ce matin, je suis entrée dans mon salon, le trumeau est grand, je me suis vue de la tête aux pieds. Mes épaules ployées, mon cou penché, mes mains de squelette, ma figure jaune et décharnée, me donnaient cinquante ans.

Laurence, qui avait voulu, mais inutilement, l'interrompre, prit sans mot dire son bras, le mit sous le sien, et la ramena vers le lit.

Catherine s'était mise à genoux et priait les mains jointes, les yeux sur le petit Joseph.

Valentine la regarda un instant, et, lui plaçant affectueusement la main sur l'épaule :

— Tu n'oublieras pas ton serment, ma bonne Catherine ? dit-elle.

— Non, madame.

— C'est bien ; embrasse-moi et va-t-en.

En cherchant la récompense à donner à la dévouée créature, elle n'avait rien trouvé de mieux.

Catherine se releva. Elle entoura la taille frêle de sa jeune maîtresse de ses deux bras vigoureux, et effleura respectueusement de sa joue brune, brillante des couleurs de la santé, la joue décolorée de la jeune femme. Il faut remercier avec le cœur ce qui vous est donné par le cœur. Ce baiser payait Catherine de tous ses sacrifices présents et futurs, c'était la touchante signature apposée au bas du contrat passé entre elles. Elle sortit en s'essuyant les yeux.

Laurence alors parla du but de sa visite.

Valentine l'écouta d'un air morne.

— La vue de cette enfant me fait mal, répondit-elle ; je ne suis pour elle qu'une étrangère, et je n'ai plus la force de m'en occuper. Avec des enfants de cet âge, il faut jouer et sourire, et j'en suis désormais incapable. Veux-tu me rendre un dernier service ? Garde ma fille chez toi, si ta famille y consent.

Avant que Laurence eût pu répondre, le bruit d'une porte qu'on fermait réveilla Joseph.

— Maman ! dit-il en se frottant les yeux avec ses petits poings fermés.

Valentine passa vivement son mouchoir sur sa figure.

— Me voici, mon chéri, dit-elle.

Il se souleva, sourit, tendit ses bras nus vers elle et plissa ses lèvres roses. Elle se pencha, il noua ses bras autour de son cou, il lui baisa les joues à plusieurs reprises. Puis, se reculant, il croisa ses bras sur sa blanche poitrine, que sa chemise entr’ouverte découvrait à demi, et dit dans un frais éclat de rire :

— Tu es rouge à présent, maman, et jolie.

En effet, il l’avait embrassée si fort, que deux taches roses marquaient sur ses joues pâles la place de ses baisers.

— Il t’a mis du fard, dit Laurence.

Et elle ajouta, en prêtant l’oreille :

— Qui donc fait tout ce bruit ?

— C’est bonne-maman, répondit naïvement Joseph.

On entendait une voix grondeuse, un bruit de chaises violemment déplacées, des cliquetis qui annonçaient qu’une main agitée maniait des objets de cuivre, des porcelaines, et les faisait se heurter. Comme l’enfant articulait sa candide réponse, la porte s’ouvrit vivement, et Mme de Chateaunay entra le bonnet de travers, la robe retroussée, les manches relevées jusqu’aux coudes, laissant voir ses bras jaunes et ridés. En l’apercevant, Laurence se représenta Mme Villeandré avec sa toilette correcte et soignée, sa physionomie calme, cet air digne qui ne l’abandonnait jamais, même dans les soins les plus vulgaires du ménage, et qui inspirait involontairement le respect. Quelle différence !

Mme de Chateaunay répondit à peine au salut de Laurence, et, debout sur le seuil de la porte ouverte, elle s'écria :

— Ma fille, je viens de donner son congé à Catherine ; c'est une paresseuse, qu'il est impossible de garder. Je lui ai ordonné tantôt de ranger la salle à manger, et de mettre le buffet en ordre. J'y vais, rien n'est fait ; je me vois obligée d'y mettre moi-même la main ; elle arrive, fait semblant de m'aider, et ne sait plus distinguer une assiette plate d'avec une assiette creuse. Je ne sais pas où elle a l'esprit, mais il est temps qu'elle aille en chercher ailleurs. Je l'ai renvoyée.

— Vous avez mal fait, maman, et je vous prie de vous rétracter. C'est fâcheux d'en venir à cette extrémité, je le sais bien, mais vous eussiez dû venir me trouver avant de condamner la conduite de Catherine. Elle a passé par mon ordre deux heures dans ma chambre ; donc le reproche que vous lui faites est injuste. Quant à ces distractions qui vous fâchent si fort, croyez-moi, n'y faites pas attention ; je me les explique, cela suffit.

— Mais enfin, Valentine, qu'a donc cette fille de si précieux ? Je lui donne son congé, et il faut que moi, ta mère, j'en vienne à une rétraction humiliante.

— Il ne fallait pas vous mettre dans ce cas, répondit Valentine avec une impatience douloureuse. Je vous ai depuis longtemps avertie que je réservais mes droits sur Catherine. Le reste va comme bon vous semble, les changements se font sans la moindre observation de ma part. Mais je ne laisserai pas toucher à ma fidèle Catherine, qui, d'ailleurs, ne saurait vous manquer de respect. Tenez, maman, ne me tourmentez plus là-dessus. Rien ne peut me faire me départir de ma confiance en elle, rien ne peut nous séparer. Je vous ai expliqué l'emploi de son après-midi, cela vous donne un moyen tout naturel de revenir sur vos menaces. Au reste, n'oubliez jamais que, quoi qu'on fasse, je ne ratifierai pas son renvoi.

Le ton ferme de cette réponse n'admettait pas de réplique. Mme de Chateaunay leva ses bras maigres au ciel et disparut. Valentine regarda tristement Laurence.

— Voilà la seule lutte que je soutienne désormais, dit-elle, avec amertume. Oh ! c'est cruel à dire, mais, sans le vouloir, ma mère m'a fait bien du mal. Je frémis à l'idée de la voir maîtresse de mes enfants, car je me souviens de la manière dont elle nous a élevés. Combien ma chère belle-mère m'eût inspiré plus de confiance ! Depuis sa mort, je me sens si découragée, si faible, si effrayée du sort réservé à mes enfants après moi ! Et cependant ma mère a un excellent cœur. En nous laissant agir à notre fantaisie, elle a cru nous prouver sa tendresse, et elle serait aussi surprise qu'affligée si on lui prouvait qu'elle a mal rempli ses devoirs, qu'elle ne les a pas compris. Il y a des moments où je me figure que, si j'avais eu, comme ma belle-mère, une foi agissante, une piété vraie, et que j'eusse embrassé courageusement cette vie obscure et monotone qui est votre partage à toutes, mon tempérament se serait fortifié. Je me suis abandonnée à des regrets cachés, stériles, mais poignants, à un ennui dévorant : la vie sérieuse, réelle, regardée en face, m'a paru odieuse ; et, quand mon petit Joseph est venu m'y rattacher, il était déjà trop tard : ma santé usée ne pouvait se rétablir entièrement. Pour bien supporter les déceptions, les peines, les souffrances de ce monde, il faut espérer au delà, d'une espérance vivace. Je le sens, je le reconnais, et je veux que mes enfants reçoivent une éducation religieuse et forte, et non pas l'éducation énervante que nous avons reçue. Je parlerai à Joseph, je lui ferai promettre de s'en séparer, s'il le faut, et il est si dévoué, il a comme sa mère l'esprit si juste, qu'il le fera. Cette mesure me tranquillisera. Quand l'édifice de notre bonheur appartient à la terre, de la base au sommet, malgré nos semblants de religion, s'il croule, le désespoir entre dans certains cœurs. Mon bonheur à moi s'est évanoui en huit jours, comme un rêve. A une vie brillante, remplie par les jouissances de l'amour-propre, succédait une vie modeste ; au lieu d'un mariage tel que j'avais pu le rêver dans de folles visions, tel que ma mère me le prédisait, je faisais un mariage de raison, commandé par les circonstances. Ma mère n'a rien deviné de ces froissements, de ces déchirements, de ces amertumes. Aujourd'hui, sans réfléchir à ma douloureuse position, elle veut m'enlever cette pauvre Catherine, qui a le tort de pleurer trop haut Mᵐᵉ Villeandré, et qui m'aime avec assez de dévouement pour s'engager, si je meurs, à ne jamais se séparer de mes enfants. C'est une victime qu'il faut lui immoler, et je serais mourante qu'elle lutterait encore. Elle n'a pas conscience de ce monstrueux égoïsme, car, enfin, il est égoïste de ne pas sacrifier cette petite rancune à mon repos, n'est-ce pas, Laurence ?

Laurence répondit par un signe affirmatif, mais garda le silence. Elle ne voulait pas interrompre ces tristes confidences qui soulageaient évidemment la jeune femme, obligée de concentrer en elle-même toutes ces désolations intérieures qui avaient une raison d'être trop réelle.

Valentine continua donc de parler, mais plus lentement, car elle se fatiguait. Elle fit à Laurence les plus touchantes recommandations pour ses enfants ; on eût dit qu'elle allait mourir le lendemain.

L'arrivée de Joseph mit fin à cette intime causerie. Alors Laurence se leva, elle embrassa le petit Joseph, qui alignait fort paisiblement des soldats de plomb, puis Valentine. Mme Villeandré la retint un instant ainsi penchée sur elle, et lui dit bien bas :

— N'oublie rien de ce que je t'ai confié aujourd'hui, n'oublie aucune de tes promesses ; mais, par pitié pour moi, ne me les rappelle pas. Demain, si je me sens mieux, je voudrais peut-être m'abuser encore.

Ces paroles furent prononcées avec un tel accent et révélaient chez la pauvre femme un tel désir de vivre, que Laurence se sentit émue jusqu'aux larmes. Elle l'embrassa sans lui répondre et la quitta, l'esprit tout plein de noirs pressentiments. Pendant la route, elle ne pensa qu'à elle ; ce ne fut qu'au moment d'ouvrir la porte de la salle à manger du Chêne, où l'on se réunissait le soir, qu'elle se souvint de la mésintelligence qui régnait entre son père et son mari. Avait-elle continué ? Allait-elle les trouver de nouveau aux prises ? Ce fut avec une certaine appréhension qu'elle ouvrit la porte. Le petit salon était éclairé. Mme Boisselet finissait de mettre elle-même son couvert pour le souper ; il ne manquait plus sur la table que la lampe placée sur un guéridon, tout près de la cheminée.

M. Boisselet, assis à sa place ordinaire, près d'un feu clair de bois de hêtre, faisait danser la petite Laurence sur ses genoux, tout en écoutant la lecture du journal faite par son gendre assis en face de lui. Dans l'appartement, une atmosphère de bien-être et de paix sur les figures, un contentement profond. Les deux charrues avaient fini par creuser côte à côte, et dans un accord parfait, leur sillon respectif. Laurence sourit, referma doucement la porte et monta dans sa chambre, où il y avait deux berceaux, celui de sa fille, celui de la fille de Valentine.

XIV

A quelques semaines de là, deux hommes cheminaient le long d'une des grandes routes percées dans la forêt de Prévalon. C'était Jérôme Villeandré et le docteur Beautier. La pauvresse qui servait de domestique à l'avare suivait, les mains cachées dans les manches de son mauvais gilet de futaine, car l'automne s'avançait, et il ne faisait pas chaud dans la forêt à cette heure du matin. Les deux promeneurs causaient peu. Quand un bel arbre, au tronc droit et à la circonférence respectable, les frappait par sa beauté, M. Jérôme calculait ce qu'on aurait pu le vendre, et rêvait de le voir à terre mutilé, dépouillé de ses branches puissantes. Le docteur le regardait à travers ses lunettes avec une grande admiration, et tout en le convertissant aussi en bois de charpente par la pensée, il le trouvait beau ainsi. Jeune, il avait aimé la nature en poëte, et il avait même fait dans le temps quelques mauvais vers à sa fiancée. Le ménage avait chassé la poésie ; mais il y avait des retours quand sa prosaïque moitié n'était pas là pour le ramener brutalement à la réalité.

Arrivés à un carrefour où aboutissait un réseau de petits sentiers, ils s'arrêtèrent.

— Il me semble qu'il faut tourner ici, dit M. Jérôme en regardant autour de lui.

Ils se trouvaient dans la partie de la forêt la plus éloignée du bourg et du château, et il n'y avait guère que les gardes et les chasseurs qui en connussent les détours.

— Ces pauvres diables de sabotiers se construisent plutôt des tanières que des maisons, répondit le docteur; pour les voir, il faut avoir le nez dessus. Nous devons cependant être arrivés, et tiens, n'est-ce pas de la fumée qui passe à travers les arbres là-bas, à droite?

M. Jérôme regarda dans la direction indiquée, et vit en effet un maigre filet bleu qui se faufilait parmi les hautes branches, à demi dépouillées, d'un grand hêtre.

Sans rien répondre, il prit le sentier à droite; ses compagnons s'y engagèrent après lui, et au bout de dix minutes de marches ils se trouvèrent dans une clairière où l'on respirait à pleins poumons une bonne odeur de hêtre nouvellement coupé. Elle était tout encombrée de troncs d'arbres et parsemée de huttes, dont quelques-unes prenaient des proportions de maisonnettes. Ils se dirigèrent vers la plus misérable. Celle-ci était placée entre deux châtaigniers et pouvait être prise de loin pour une petite meule de paille dont on aurait coupé le faîte. Elle était tout simplement formée de branches vertes entrelacées, entre lesquelles se tassait de la paille, noircie par l'air et la pluie. La porte n'était qu'une sorte de claie garnie de genêts pressés. Elle était ouverte, et tout contre se voyaient agenouillées les familles habitant ce coin de la forêt, les hommes avec leur tablier, leur bonnet à la main, les femmes les bras chargés de petits enfants. Jeunes et vieux étaient là prosternés sous le soleil levant, qui dorait leurs figures hâlées et solennelles. Ah ! c'est que dans cette hutte, qui ne valait guère mieux que la crèche de Béthléem, un chrétien se mourait et Dieu venait d'y entrer. Jésus-Christ était venu sous ce toit de paille, il visitait dans son agonie cette obscure créature qui vivait dans sa pauvreté comme l'insecte dans l'herbe, qui le dérobe aux yeux de tous, mais qui ne saurait le cacher au regard de Dieu. Tant de majesté et tant de petitesse! devant de tels spectacles l'âme s'émeut et les genoux fléchissent.

Les deux visiteurs, le chapeau à la main, s'avancèrent vers la hutte. M. Jérôme pressait le pas et paraissait inquiet. Comme il entrait, il se trouva en face du prêtre, dont le ministère était accompli.

— Il est donc bien mal ? demanda-t-il rapidement.

— Il est mort.

Contre les deux pierres qui formaient le foyer, il ne brûlait que deux tisons à demi-éteints; mais, comme la fumée, en s'échappant par l'ouverture circulaire, à la fois cheminée et fenêtre, qui traversait le haut du toit, déroulait d'abord sa lourde spirale dans la cabane, on n'y voyait pas très-clair en y entrant. Au fond, un lit, dont les colonnes étaient formées de jeunes arbres, à l'écorce lisse, s'encadrait entre deux tas de sabots. Sur ce grabat une couverture grise dessinait des formes humaines ; une des femmes présentes venait de remonter un pan du drap de lit sur le visage du mort en disant :

— Il ne faut pas qu'il le voie !

Et son œil était allé chercher un enfant de quelques mois qui dormait sur un lit de copeaux recouvert de quelques hardes.

— Une voisine se charge de l'ensevelissement, et je me charge, moi, de l'enterrement, dit le prêtre à voix basse. Reste à savoir maintenant ce que l'on fera de l'enfant. Je suis prêt à aller de ce pas au château. Mme de Prévalon est généreuse, elle ne...

— Mme de Prévalon n'a rien à faire ici, dit vivement M. Jérôme.

Et il ajouta avec un certain clignement des paupières qui équivalait chez lui à un sourire :

— Que personne ne s'en inquiète, je m'en charge.

Cela dit, il appela d'un geste sa servante, et, sans écouter les remercîments du prêtre que cet acte de charité stupéfiait, il lui donna quelques ordres à voix basse.

La vieille femme s'approcha de l'enfant, le prit dans ses bras, l'enveloppa dans les haillons jetés sur lui, et sortit de la hutte.

Les sabotiers la regardèrent passer avec un étonnement profond, et pensèrent que M. Jérôme n'était pas aussi noir qu'on le faisait.

Le docteur et son compagnon, n'ayant plus rien à faire dans la hutte mortuaire, se hâtèrent d'en sortir. Ils reprirent avec le recteur le chemin par lequel ils étaient venus. Avant de sortir de la clairière, l'avare se détourna vers la hutte, et lançant au docteur un coup d'œil d'intelligence :

— Mort sur la paille, dit-il, c'est drôle !

— C'est triste, répondit M. Beautier.

— Ce qu'il y a de triste, continua l'avare en baissant davantage la voix, c'est que nous soyons arrivés trop tard. Un moment lucide de plus, et tout nous était révélé. J'ai ouï dire que les intelligences les plus obtuses acquéraient au moment de la mort tout le développement dont elles étaient susceptibles, et ce nom qui lui échappe toujours, le nom de cette ville, aurait pu lui revenir. Je te disais bien qu'un retard nous serait préjudiciable, mais tes infernales manies se mettent en travers de tout. Que l'escalier de la maison neuve du charron se trouve reculé de trois pieds, voilà un beau résultat en vérité.

— Et dans ta curiosité, que trouves-tu d'intéressant, Jérôme ? Pour mon compte, je ne donne pas un liard de cette vieille histoire, qui, s’il faut te le répéter, me fait l’effet d’un conte; oui, d’un véritable conte.

— Venez-vous, messieurs ? demanda le prêtre, nous pourrons faire route ensemble jusqu’à la butte au Cerf.

Ils se mirent tous trois en marche. Comme ils atteignaient le lieu indiqué pour la séparation, ils aperçurent un char à bancs traîné par un fort cheval, auquel le conducteur assénait des coups de fouet qui lui faisaient prendre parfois un galop furieux.

— Il me semble reconnaitre la jument grise de Villeandré, s’écria M. Beautier en s’arrêtant tout court.

— Et c’est aussi Pierre, son domestique, ajouta le prêtre vivement. C’est un de nous qu’il cherche, car le voilà qui ralentit sa course. Mon Dieu ! s’il saute, il va se tuer.

Le cheval, longtemps aiguillonné, ne voulait plus s’arrêter, et le domestique, qui paraissait pressé, avait effectivement sauté à terre. Le docteur, qu’il appelait du geste tout en essayant de maintenir le fougueux animal, accourut. Depuis deux heures, on courait après lui de tous côtés, Mme Villeandré était à toute extrémité. L’enfant était mort, mais on espérait encore sauver la mère.

En écoutant ces mauvaises nouvelles, le médecin et le prêtre parurent consternés, pas un muscle ne bougea sur la face jaune de l'avare, que tous ces évènements touchaient peu. Il fit tout haut la réflexion que son neveu Joseph avait déjà deux enfants, et que la perte de ce nouveau venu n'était à tout prendre qu'un petit malheur, et monta en quatrième dans le char à bancs, non pas comme ses compagnons pour arriver plus tôt près de la famille désolée, mais pour épargner à ses souliers le frottement d'une route mal empierrée. Pierre fit reprendre à son cheval son allure rapide, et ils s'avancèrent bon train vers le bourg. Aucune parole ne fut échangée durant le trajet. En passant devant le château, dont on apercevait la masse grise à travers les arbres, M. Jérôme cligna de l'œil, et, se penchant à l'oreille du docteur, il lui dit :

— Si la lionne savait ce que nous savons, comme elle rugirait dans son antre !

Et il ajouta, en se frottant les mains :

— Elle ne nous fait plus peur à nous, nous avons maintenant de quoi lui roguer les ongles et les dents.

XV

Au château de Prévalon, il y avait de l'orage dansl'air, Gaston était mécontent de sa mère et sa mère était mécontente de lui. Cela arrivait rarement, mais enfin cela était arrivé. Or ils étaient tous les deux les deux rouages importants du char domestique, et, quand il survenait quelque dissidence, l'harmonie générale s'en trouvait dérangée.

La veille, Gaston était revenu furieux au château. A la partie de chasse à laquelle il assistait il avait rencontré deux jeunes gens du voisinage, qu'il aimait à retrouver à Prévalon. Ils l'avaient accueilli avec froideur, l'avaient salué comme un étranger, et, quand il les avait invités à venir chasser dans la forêt de Prévalon, ils avaient fièrement répondu qu'après l'affront fait à leur père cette invitation avait lieu de les surprendre.

Gaston, qui tombait des nues, avait exigé une explication : elle lui avait été donnée. Leur père, un vieux gentilhomme des plus honorables, qui était receveur de plusieurs familles riches de l'arrondissement, s'occupait
depuis vingt ans des affaires de M. de Prévalon, et il avait
été tout à coup remercié de ses services par la comtesse
de Prévalon, sans qu'elle eût daigné motiver cet acte singulier.

Cela était inexplicable, et ce qui était plus inexplicable encore c'est que son remplaçant était Jérôme Villeandré, c'est-à-dire un homme que sa propre famille
méprisait.

Gaston s'était indigné, avait parlé de malentendu, et
de retour au château s'en était très-vivement expliqué
avec sa mère en lui demandant de revenir sur cette bizarre décision : il n'avait rien obtenu. Aussi était-il de
fort méchante humeur le lendemain. Il avait presque
brusqué Alix, sa petite femme, qui était grande, mais
qu'on appelait ainsi tant elle était douce de caractère,
tant elle se faisait petite par vertu. Cependant il avait été
tellement habitué à voir sa mère agir sans que personne
osât contrôler ses actes, et d'autre part il l'avait toujours
vue si disposée à faire concorder leurs deux volontés,
que non-seulement la possibilité, mais la pensée de la
révolte ouverte ne lui venait pas. Sans vouloir percer le

mystère qui entourait le motif réel de cette mesure, il ne pouvait comprendre que la comtesse eût pu résister à ses prières.

Il avait passé sa matinée dans la chambre de Charles Michel. Celui-ci, après avoir patiemment écouté l'affaire dans tous ses détails, avait prêché la soumission, et puis s'était mis au travail sans faire autrement attention à Gaston, qui se levait et s'asseyait alternativement, marchait ou se reposait, toujours se posant cette question : Pourquoi ma mère a-t-elle fait cela ?

Et se creusant en vain la tête pour y répondre, car, la raison banale donnée par la comtesse : à savoir que Jérôme Villeandré était le plus habile homme d'affaires du pays, ne le satisfaisait pas.

Le dîner fut triste. Gaston était sombre et la comtesse silencieuse. M. de Prévalon, qui savait à peine de quoi il s'agissait, racontait à Charles des histoires que le grave jeune homme avait entendues pour la première fois il y avait longtemps, et qu'il écoutait avec un intérêt aussi vif que poli. On se leva de table sans que l'un ou l'autre se fût départi un instant de sa physionomie soucieuse.

Quand Gaston reparut dans le salon, il avait son costume de chasse. Il s'approcha de la comtesse qui, assise auprès de la table ovale, feuilletait machinalement un album.

Il mit un genou sur le coussin où elle appuyait ses pieds, et ses deux mains sur ses genoux.

La comtesse fixa sur lui son regard impérieux, qui s'adoucissait singulièrement quand il se reposait sur son fils.

Ils formaient ainsi l'un et l'autre un groupe charmant. Elle, assise dans sa majesté, portant haut ce fier visage aux lignes correctes et harmonieuses ; lui, dans sa posture de suppliant, jeune, élégant, gracieux, avec son front sans rides, ses moustaches blondes, son bel œil bleu bordé de cils noirs.

— Maman, dit-il, je ne veux pas partir avant que nous nous soyons entendus au sujet de M. de Lartier. Ne pouvez-vous revenir sur les promesses faites a M. Villeandré !

— Je ne le puis pas, Gaston.

— Mais cet homme est un ladre, un avare que personne n'estime.

— Mon fils, dit la comtesse avec effort, du moment qu'il me plaît d'avoir confiance en M. Villeandré, vous devez, en parlant de lui, ménager vos termes.

— Mais le motif de cette injustice, ma mère... pardon, mais c'en est une, et, voyez-vous, l'injustice me révolte.

Les yeux foncés de Mme de Prévalon s'attachèrent avec une étrange expression sur le visage du jeune homme qui s'animait.

— Oui, elle me révolte, reprit-il avec feu, et je ne veux pas qu'on puisse vous accuser d'un acte injuste.

Mme de Prévalon gardait le silence et entre ses deux sourcils châtains, si hardiment tracés, se creusait un pli profond.

— En donnant un remplaçant à M. de Lartier, je ne fais qu'user de mon droit, reprit-elle d'un ton glacé.

— En demandant une raison, c'est son droit aussi.

— Il ne me plait pas de la dire.

— Mais ne pouvez-vous me la confier ?

— Non, pas maintenant, plus tard.

Gaston se releva blessé jusqu'au fond du cœur, salua la comtesse, et sortit sans prononcer une parole.

Mme de Prévalon le suivit du regard.

— L'ingrat, murmura-t-elle avec accablement en essuyant une larme qui venait à ses paupières, et c'est pour lui.

Dans l'avenue, Gaston trouva son père qui jouait avec Christian, et Alix, qui les regardait jouer.

La jeune femme, rien qu'au son de sa voix, devina que la querelle de la veille s'était renouvelée. Elle prit dans ses bras le petit Christian, et donna tout bas un ordre à sa bonne.

Il fallut bien que Gaston se laissât embrasser par l'enfant que son costume seul intéressait vivement, et qui voulait toucher de ses petites mains les guêtres jaunes, les boutons de l'habit, sur lesquels brillait un cor de chasse, la carnassière frangée, le fusil à la crosse sculptée.

Avant que cet examen détaillé eût pris fin, la servante était revenue avec un châle et un chapeau.

— J'ai une petite visite à faire au bourg, dit Alix, et j'ai pensé que tu n'aurais pas refusé de m'accompagner, tu reviendras en chassant.

— Ah! j'ai pris mon fusil sans intention bien arrêtée de chasser, répondit Gaston, mes chiens sont un peu fatigués et je ne suis pas moi-même en train aujourd'hui. Je puis laisser à Félicité tout cet attirail; elle en chargera le premier domestique qui passera.

En disant cela, il s'était lestement débarrassé de sa gibecière, et l'avait jetée au pied d'un arbre.

— Je me charge du fusil, dit M. de Prévalon en saisissant l'arme et en la plaçant sur son épaule peu faite pour supporter un pareil fardeau.

Alix, pendant ce temps, avait mis son châle et son chapeau. Elle avait pris pour miroir l'étang qui, à quelques pas plus loin, étendait ses eaux sans rides, protégées qu'elles étaient par un épais rideau d'arbres. Sa charmante figure s'y était un instant peinte au milieu de la masse feuillue surmontée d'azur, qui s'y mirait dans les temps calmes, et puis, assurée que le chapeau était convenablement placé sur ses cheveux bruns et brillants, elle était revenue, avait tendu son front à M. de Prévalon, avait baisé longuement la joue veloutée de Christian, et, rejoignant son mari, lui avait pris le bras en lui disant :

— Allons ! mon cher petit mari, contez-moi vos chagrins d'aujourd'hui.

Et le petit mari s'était mis à conter son chagrin du jour, qui était celui de la veille, car, entre ces époux de vingt ans, une harmonie parfaite régnait, bien qu'ils eussent déjà trois ans de ménage.

Jusqu'au bourg on ne parla que du sujet qui préoccupait Gaston. Aucun d'eux ne trouva ni le moyen d'apaiser M. de Lartier, ni celui de pénétrer le mystère de cette confiance subite de la comtesse envers un homme comme M. Jérôme Villeandré, mais enfin ils s'étonnaient ensemble, ils regrettaient ensemble, et l'amertume s'évaporait peu à peu.

Sur la place ils s'arrêtèrent surpris. La grande porte de la maison Villeandré, celle que surmontaient depuis plus d'un demi-siècle les panonceaux dorés, était ouverte à deux battants, et des gens sortaient en se signant.

Gaston questionna le premier venu. La mort avait frappé son second coup ; Valentine était morte dans la nuit, et on la visitait dans sa chapelle ardente.

Alix, à cette nouvelle, parut toute saisie.

Elle tendit à Gaston un petit objet renfermé dans du papier.

— Je t'en prie, porte ceci de ma part au presbytère, dit-elle ; M. le recteur sait ce que c'est ; je veux aller dire une prière à cette pauvre jeune femme, qui me recevait chez elle il y a à peine huit jours.

Et, sans attendre de réponse, elle se dirigea vers la maison mortuaire. Toutes les portes étaient ouvertes ; elle monta et se trouva sur le seuil du salon de réception. Il était éclairé par des cierges, et le parfum de la mort, formé par l'âcre senteur du laurier et du buis, mêlé à l'odeur de la cire, s'en échappait.

Entre les deux fenêtres se dressait le lit de parade entouré de draperies blanches. Sous l'ombre de ce dôme blanc reposaient Valentine et son petit enfant. Par une touchante idée de Laurence, on avait placé son fils, son dernier-né, sur sa poitrine ; elle avait l'air de vouloir le serrer entre ses bras ; ils devaient descendre ainsi tous les deux dans la tombe et dans le même cercueil. Ce visage de jeune femme et ce visage d'enfant se touchant presque, et sur lesquels la mort étendait son impassibilité sereine, faisaient jaillir des larmes de tous les yeux. Alix s'approcha toute tremblante, les yeux baissés, prit le goupillon, l'agita et s'agenouilla. Et puis elle osa relever les yeux. Elle n'avait vu Mme Villeandré que deux fois, et cependant elle se mit à pleurer en la voyant morte, son petit enfant posé sur son cœur.

Tout à coup, derrière une porte placée près d'elle, une voix d'enfant, claire, vibrante, impérieuse, cria : Je la veux.

La porte s'ouvrit; le petit Joseph, à demi habillé, les cheveux mêlés, la figure ruisselante de larmes, parut.

— Où est maman ? répéta-t-il ; je la veux.

Et, bondissant en avant, il s'écria :

— Ah ! la voilà !

Avant qu'on eût pu deviner son projet, il avait sauté sur le lit, s'était jeté au cou de la morte et la couvrait de baisers.

Ah ! puisque le cœur de la mère ne retrouvait pas une palpitation sous cette étreinte de tendresse, c'est qu'il était bien mort dans sa poitrine.

Alix s'était machinalement élancée vers le pauvre enfant, et essayait en vain de l'arracher de ce lit funèbre. A genoux, les deux bras passés autour du cou du cadavre, il résistait. Catherine et Mme de Chateaunay étaient aussi accourues.

— Elle dort, disait Alix en pleurant ; méchant, vous allez la réveiller.

— Alors tirez le petit enfant, dit Joseph en parlant bas ; je vais me coucher à sa place. Maman, le matin, me mettait toujours dans son lit.

Sa voix était suppliante, des sanglots montaient à sa gorge, et il attirait à lui par le seul mouvement de ses petites mains le corps inerte de sa mère, de sa mère dont il ne croyait pas possible qu'on pût le séparer.

C'était navrant, et il fallait bien en finir.

Catherine ouvrit de force ses doigts crispés, l'entoura de son bras robuste et l'enleva malgré ses cris, malgré ses convulsions.

Alix replaça sur l'oreiller, d'une main frissonnante, la tête de la jeune femme, murmura à genoux une courte prière, et sortit du salon en sanglotant. A la porte, elle rencontra Gaston qui, ne la voyant pas arriver, était venu la chercher.

Il avait tout vu et paraissait vivement impressionné.

Ils reprirent le chemin du château. Alix était oppressée et ne parlait pas. Le tableau qu'elle avait eu un instant sous les yeux l'avait épouvantée. Cette jeune femme morte, cet enfant mort, cet autre enfant qui ignore que le sommeil de celle qu'il aime est éternel ! cette maison silencieuse et désolée, où l'écho ne répète que des sanglots! n'y avait-t-il pas de quoi troubler profondément l'âme de l'heureuse jeune femme à laquelle la vie n'avait encore prodigué que des caresses? Jamais, en effet, elle n'avait touché du doigt la réalité sombre, jamais la mort dans la jeunesse ne lui était apparue. Elle avait bien entendu parler de fleurs qui s'étaient flétris avant le temps; mais elle ne les avait pas vues à terre moissonnées par l'impitoyable et hideuse mort.

Aussi la secousse était rude. Il y a de ces moments où la vue du néant de la vie écrase, où l'on sent trembler tous ses bonheurs comme à l'automne tremblent aux branches les feuilles jaunes que le premier vent froid peut détacher et emporter loin de l'arbre qu'elles laissent dépouillé et nu.

— Ce pauvre Joseph Villeandré est-il malheureux! avait dit Gaston en serrant le bras de sa femme entre les siens.

— Ce pauvre petit enfant est-il à plaindre! avait murmuré Alix avec des larmes dans la voix.

Et on n'avait pas dit autre chose, et ils marchaient pressés l'un contre l'autre, comme s'ils avaient eu peur de se voir séparés.

Ils retrouvèrent Mme de Prévalon dans le grand salon avec Charles Michel, qui écrivait une lettre sous sa dictée.

Gaston alla comme d'habitude embrasser sa mère. Il

était impossible qu'il lui en voulût longtemps, et les scènes auxquelles il avait assisté avaient éloigné de son esprit mobile son grave sujet de mécontentement.

La comtesse reçut cette caresse en dissimulant la joie profonde qu'elle en ressentait, et demanda à Alix pourquoi elle avait les yeux si rouges.

La jeune femme raconta toute émue la visite qu'elle avait faite à la maison Villeandré.

Charles l'écouta avec le plus sympathique intérêt, la comtesse avec une attention froide.

— Gaston, dit-elle en s'adressant à son fils, comme l'enterrement de cette jeune femme aura sans doute lieu, demain, et qu'il est convenable que nous y assistions tous, je te prie d'écrire un mot à Ambroise et d'envoyer un domestique à cheval à la Garderie afin qu'ils ne nous attendent qu'après-demain.

Et, cet ordre donné, elle continua de dicter à l'abbé, qui se demandait s'il avait bien entendu. Elle dérogeait, en effet, à toutes ses habitudes en poussant la condescendance jusqu'à remettre à plus tard un voyage arrêté, et elle avait toujours laissé à M. de Prévalon le soin de remplacer la famille à ce genre de cérémonies, quand il s'agissait de personnes qui lui étaient inférieures comme position sociale.

La surprise de l'abbé Michel ne fut rien comparée à celle

qu’éprouvèrent les dames prévalonnaises en voyant la
comtesse suivre parmi elles le convoi de Valentine. Celles
qui la regrettaient furent peu sensibles à cet honneur,
et une larme, tombée des yeux d’Alix, leur parut plus
précieuse que cette présence inespérée de sa belle-mère.
Mais, il y en eut qui, sans se l’avouer, en furent prodigieusement flattées. A dater de ce triste jour, Mme Dar-
court, la femme du percepteur, daigna incliner dans une
révérence prétentieuse sa taille roide chaque fois qu’il lui
arrivait de rencontrer la comtesse. Or la femme du percepteur aurait en orgueil rendu des points à Mme de Prévalon elle-même, et ce qui germait de pensées ambitieuses,
de dédains extrêmes sous ce front bombé, couvert de
tâches roussâtres, ne peut se supposer.

XVI

Encore quelques jours et le sombre mois de novembre,
celui que dans leur langue expressive les Bretons appel-
lent le mois noir, va commencer. Le vent, chaque jour,

enlève à la forêt de Prévalon un lambeau de son frais vêtement d'été, que l'automne a fané et jauni sur ses épaules frissonnantes. Elle est devenue bavarde et bruyante, la belle forêt naguère encore si calme ! un murmure immense et continu s'en échappe ; ses grands arbres au tronc immobile remuent leur tête à demi chauve ; ses arbustes, ses jeunes plants, se tordent sous la forte brise d'ouest qui fait frémir et parler chacune de leurs feuilles.

Les hautes fenêtres du salon du château sont bien closes, ce qui n'empêche pas l'oreille de saisir les notes affaiblies et confuses de ce concert donné par les arbres et le vent, concert aérien que Charles, Alix et Gaston écoutent avec ravissement. M. de Prévalon, qui porte le plus tendre intérêt à ses arbres fruitiers, dont la taille est son plaisir et son orgueil de l'année, pense aux ravages que cette bourrasque peut produire dans son jardin, Mme de Prévalon regarde tantôt l'écran qu'elle tient, tantôt le ciel mouvant et le tourbillon de feuilles sèches qui obscurcit l'air.

— La campagne devient triste, dit-elle.

— L'automne, c'est pourtant la saison chantée par les poëtes, remarqua Charles en souriant.

Gaston qui, assis à l'écart dans l'embrasure de la fenêtre, s'amusait à reproduire de mémoire, sur une page de l'album d'Alix, un paysage qu'elle ne retrouvait plus, redressa vivement la tête, et, se tournant vers la fenêtre, il se mit à réciter ces vers bien connus :

Salut bois couronnés d'un reste de verdure !
Feuillages jaunissant sur les gazons épars ;
Salut derniers beaux jours !

— Ces vers sont très-beaux et vous les dites fort bien, mon fils, dit la comtesse avec un léger haussement d'épaules ; mais cela n'empêche pas que le temps, en cette saison, ne soit affreux et triste.

— Pas toujours ! ma mère, s'écria Alix. N'avez-vous pas remarqué que le coucher du soleil a maintenant des splendeurs toutes particulières ? Tenez, hier, c'était charmant, n'est-ce pas, Gaston ? Au-dessus de la tête verte des châtaigniers du grand bois il y avait une fournaise ardente, le soleil. Et puis à droite et à gauche des nuages foncés aux contours lumineux, de gros nuages d'un jaune doré. Le fond du ciel était d'un bleu doux, et autour de ces morceaux d'azur quelles teintes, quel moelleux !... Et puis voilà les nuages qui s'amoncellent, cela devient une montagne aux pics éclatants ; le gris, le jaune, dans leurs teintes les plus variées, les plus délicates, peignent ses flancs. Je serais restée une heure à regarder ce mont diaphane. Mais Gaston lui a dit en vain : Beau nuage, laissez-nous plonger notre regard dans votre profondeur aérienne, il s'est caché sous un voile gris, et vraiment c'était dommage.

— Décidément, Alix, Prévalon t'inspire, dit gaiement Gaston. Toi qui es un peu poëte, Charles, que dis-tu de cette description ?

— Mais elle est exacte. Il est certain, madame, que cela est très-beau, et que j'ai beaucoup admiré aussi ce magnifique coucher de soleil. De tels spectacles élèvent l'âme.

— Cependant, Alix, je suppose que vous ne seriez pas fâchée de retourner à Paris, reprend la comtesse, qui commence à s'ennuyer à Prévalon et qui voudrait persuader aux autres qu'ils s'y ennuient, pour avoir un prétexte de revenir sur sa décision.

— Je partirai quand vous voudrez, ma mère, répond la jeune femme d'un air soumis ; mais s'il vous plaisait d'y rester jusqu'à Noël ainsi que vous en avez eu l'intention, je ne m'en plaindrais pas.

— Sans doute, mais vous regretteriez qu'il me plût d'y rester. Allons, vous pouvez bien l'avouer, le plaisir est de votre âge, et ici toute distraction manque.

Comme elle disait cela, un domestique entra. Il tenait une lettre à la main et il la remit à Mme de Prévalon.

— Qu'est-ce ? demanda-t-elle en tournant entre ses

belles mains le papier grossier, une demande de secours ?

— L'enfant qui a apporté ce billet est reparti sans attendre de réponse et sans dire d'où il venait, madame.

Mme de Prévalon brisa le cachet et d'un regard lut ces quelques lignes :

« Une douleur à la jambe empêchant M. Jérôme Villeandré de se rendre au château de Prévalon, il demande à madame la comtesse de Prévalon, avec laquelle il a une petite affaire à traiter, de lui faire l'honneur de passer chez-lui dans l'après-midi. »

La bouche gracieuse de Mme de Prévalon se plissa, et une rougeur ardente colora ses joues. Ce sans-façon offensait cruellement sa fierté, mais elle n'en fit rien paraître. Elle replia la lettre, la mit dans sa poche et se mêla à la conversation, qui roulait sur les fleurs. Quand la pendule de cuivre doré sonna trois heures, elle agita un cordon de soie vert, dont le lourd gland se balançait contre le marbre de la cheminée.

Clémentine parut.

— Dites à Pierre d'atteler le cheval bai au cabriolet, ordonna-t-elle.

Et se levant elle ajouta :

— J'ai quelques petites commissions à faire au bourg.

— Ne pourriez-vous les remettre à demain, Hermine, demanda M. de Prévalon ; le temps est si mauvais.

— Il fait un peu de vent, voilà tout.

— Un peu de vent, écoutez !

Les girouettes grinçaient, les ardoises soulevées retombaient avec un bruit de castagnettes, des craquements se faisaient entendre au dehors et annonçaient que les membres pourris des vieux arbres ne résistaient plus à l'ouragan. C'était la tempête avec ses folles rafales, ses mugissements puissants, son souffle désordonné.

Mme de Prévalon fit un pas vers la porte en serrant autour d'elle son vêtement de maison.

— Au moins, Hermine, prenez la calèche, reprit M. de Prévalon. Mme de Prévalon hocha la tête négativement.

— Maman puisque vous persistez à vous servir du cabriolet, j'irai vous conduire, si vous le permettez, s'écria Gaston.

Toutes ces amabilités paraissaient agacer la comtesse.

— Je vous en prie, Gaston, restez tranquillement à votre dessin, dit-elle en lui faisant de la main signe de se rasseoir.

— Ainsi vous refusez mes services comme conducteur ?

— Pour aujourd'hui, oui. Il ne fait pas bon attendre sur la place de Prévalon par un temps pareil.

Et elle sortit en répétant :

— Que personne ne se dérange, je serai bientôt de retour.

Cinq minutes plus tard, elle se dirigeait seule vers Prévalon, après avoir dit à Pierre :

— Vous vous arrêterez sur la place, je descendrai là, et vous m'attendrez.

Ce n'était pas la première fois qu'elle allait visiter son nouvel homme d'affaires ; mais, par un caprice assez inexplicable, elle ne se faisait jamais conduire en voiture jusqu'à la porte de M. Jérôme, qu'elle visitait ainsi en quelque sorte incognito.

M. Jérôme souffrait en effet d'un rhumatisme au genou, qui l'empêchait de marcher, mais qui n'entravait en aucune façon son désir d'amasser de l'argent et d'accroître sa fortune.

En attendant que la comtesse voulût bien se rendre à son invitation, il s'occupait de ses fournitures de bureau, c'est-à-dire qu'il taillait à petits coups de canif sa vieille plume d'oie qu'il usait jusqu'à la moelle, et qu'il partageait en quatre ses pains à cacheter. Il exécutait ces manœuvres puériles d'avare devant son neveu, qu'il avait fait chercher, et cela n'amenait pas un sourire sur les lèvres du pauvre Joseph. Depuis qu'une tombe nouvelle élevait son tertre encore nu près du tombeau de Mme Villeandré, il ne souriait plus, car il avait compris son malheur dans toute son étendue. Auparavant, c'était à peine s'il y croyait. Une sorte de brouillard s'était levé dans son âme et la couvrait momentanément d'un nuage. Mais, quand il erra seul dans cette maison vide de Valentine, la vérité l'accabla de son poids. Il était demeuré calme, mais il suffisait de regarder ses cheveux blanchis aux tempes, son visage amaigri, pour deviner l'intensité de sa douleur. Ses habitudes avaient changé, il avait donné en même temps sa démission de maire et de conseiller général, et, s'il avait conservé son étude qu'il négligeait, ce n'était que par respect pour les dernières volontés de son père.

Il avait repris son fusil et chassait pendant des journées entières. Cette fatigue physique endormait la souffrance, et il fuyait ainsi cette maison où l'on n'entendait plus que la voix criarde de Mme de Chateaunay, dont le chagrin doublait l'activité tracassière. Elle se résignait, non sans peine, à vivre avec Catherine, et lui faisait une petite guerre sourde qui n'était pas sans charmes. Avoir sous la main quelqu'un à gronder, à tourmenter, à molester, sans jamais craindre la révolte, c'était quelque chose comme un trésor pour elle.

Catherine, impassible, laissait passer les bourrasques de ce vent aigre qui soufflait toujours du nord et domi-

nait, par vertu, la propre vivacité de son sang breton.
C'est qu'elle avait une mission à remplir, elle en répondait devant Dieu et sa conscience, et l'ignorante et simple
fille avait fait pour y rester fidèle un sacrifice que le
monde eût trouvé héroïque. Elle avait rendu à son fiancé,
non sans un fort battement de cœur, l'anneau de cuivre
qui, depuis un certain pardon, était resté à son doigt
brun comme un gage d'affection mutuelle. Ce lien brisé,
elle appartenait tout entière aux enfants de Valentine, et
pour toujours.

Grâce à ses soins dévoués, les enfants venaient à
merveille. La petite Valentine, revenue au logis, était
un gros et gras poupon qu'elle dorlotait avec amour,
sans toutefois négliger Joseph, pour lequel Mme de Chateaunay et M. Villeandré avaient une prédilection toute
particulière. Ce petit chérubin de Joseph, avec ses cheveux blonds, son teint transparent, ses yeux bleus, sa
taille svelte, faisait penser à sa mère. Or c'est quelque
chose de bien précieux qu'une ressemblance vivante,
et la nature en produit parfois d'étranges. Dans la vie
intime surtout, elles se retrouvent par moments d'une
manière saisissante. C'est un regard, c'est une pose,
c'est une inflexion de voix, une expression de physionomie qui frappe et qui fait résonner les plus douloureux
échos du cœur.

Depuis deux jours son oncle faisait demander Joseph, et ce jour-là il s'était enfin décidé à l'aller trouver.

Il s'agissait d'un achat de terrains. Le moment de la vente approchait, et, comme cet achat entrait dans une combinaison imaginée par l'avare dans son propre inté-rêt, il était pressé de conclure l'arrangement.

— Écoute, avait-il dit à Joseph avec son fin cligne-ment d'œil, ces terres que je désire t'acheter touchent à ma principale propriété ; vends-les moi, c'est une affaire de convenance, je te les paierai bien. Avec cette somme, tu achèteras les pièces de terre qu'on va vendre dans ton voisinage, et qui limitent ton jardin.

— J'y consentirais pour vous faire plaisir, mon oncle, avait répondu Joseph, mais vous oubliez qu'une prairie sépare ces terres de mon jardin, donc je ne me trouve-rais pas plus avancé, car cette prairie appartient à Mme de Prévalon.

— Mme de Prévalon te la vendra ?

— Elle l'a plus d'une fois refusée à ma mère.

— Combien vaut cette prairie, à peu près ?

— Quinze cents francs.

— Et tu accepterais mon arrangement si on te la ven-dait ce prix-là ?

— Oui.

— C'est bien. Je vais écrire à Mme de Prévalon.

— Vous serez refusé.

M. Jérôme cligna de l'œil.

— Nous verrons, dit-il.

— Dans tous les cas, il faut attendre, puisque vous ne pouvez aller au château.

— Il s'agit d'abord de s'arranger. Je ne puis aller à Prévalon, Mme de Prévalon viendra ici.

Joseph pensa que son oncle devenait fou.

Le billet fut écrit, envoyé, et M. Jérôme donna rendez-vous à son neveu à trois heures.

Il fut exact, presque certain à l'avance du refus de la comtesse.

Il était arrivé depuis un quart-d'heure, et M. Jérôme finissait de tailler sa plume quand la porte du cabinet s'ouvrit. Mme de Prévalon entra ; ses vêtements ruisselaient d'eau.

M. Jérôme se leva et commença par se confondre en excuses hypocrites, et puis, quand la comtesse se fut assise sur une chaise entre lui et son neveu, il reprit soudain le ton vif et assuré avec lequel il traitait les affaires, et lui fit un exposé rapide de la question, en ayant soin de ne pas mettre en avant son propre intérêt, qui était pourtant son seul mobile.

Mme de Prévalon écouta d'un air impassible et répondit que, malgré tout son désir d'obliger M. Joseph

Villeandré, elle ne pouvait consentir à la vente d'une prairie nécessaire à la petite ferme, dont elle dépendait.

— Je suis vraiment désolé de vous avoir dérangée, madame, puisque nous ne pouvons nous entendre, dit M. Jérôme avec une petite toux sèche qui ne présageait rien de bon ; votre refus détruit un petit projet que j'avais formé, mais vous êtes parfaitement libre de refuser.

Et comme Mme de Prévalon le regardait comme pour demander l'explication de ces paroles, il lui dit ce que c'était que — ce petit arrangement, — en ajoutant encore avec une certaine affectation que Mme la comtesse était bien libre.

Bien libre ! Et il lui lançait en dessous un regard perçant plein d'une étrange malignité.

Mme de Prévalon le regarda un moment fixement, puis d'une voix saccadée elle dit en se tournant vers Joseph, qu'elle regretterait de faire preuve de mauvais vouloir, et que, s'il y tenait absolument, elle ne doutait pas que M. de Prévalon ne consentît à cette petite cession.

La question fut reprise, le prix débattu. Mme de Prévalon, qui paraissait avoir hâte d'en finir, acquiesça à toutes les propositions de son homme d'affaires, et Joseph quitta le cabinet de son oncle emportant une promesse qui équivalait à un contrat de vente.

Quand la porte se fut refermée sur lui, la comtesse se tourna tout d'une pièce vers M. Jérôme, qui se caressait le menton de l'air le plus satisfait du monde. Elle était pâle, d'une violente émotion intérieure, et ses lèvres frémissaient.

— Monsieur, dit-elle en se redressant de toute sa hauteur et en arrêtant sur l'avare un œil étincelant, quand vous plaira-t-il de cesser cette odieuse persécution que vous me faites subir? Quand finirez-vous de me tourmenter ainsi?

— Moi, madame, vous tourmenter? répondit M. Jérôme qui resta de marbre devant ce courroux superbe, je n'en ai jamais eu l'intention.

— Osez-vous l'affirmer? Depuis que le hasard a fait tomber entre vos mains une arme avec laquelle vous pouvez m'attaquer, vous m'en menacez sans cesse. Et cependant que ne vous ai-je pas accordé? Vous avez voulu devenir mon homme d'affaires; vous l'êtes, et j'ai dû pour cela lutter contre mon propre fils. Vous avez voulu que l'un de mes domestiques les plus fidèles reçût une rude leçon, parce qu'il vous avait manqué, il a été renvoyé. Aujourd'hui vous exigez que cette prairie, nécessaire à la ferme dont elle dépend, appartienne à votre neveu, elle est devenue sa propriété.

— Oh ! certainement, madame, vous vous êtes montrée très... très-obligeante.

— Dites que j'ai cédé à chacune de vos volontés. Mais c'est assez, et ce serait acheter trop cher votre silence. Ce n'est pas là ce dont nous étions convenus. Tenez, j'ai un arrangement à vous proposer. Je me charge de l'enfant, je vous donne de ce papier dix, quinze, vingt mille francs, s'il le faut, et que tout soit dit entre nous.

M. Jérôme prit un portefeuille, en tira un papier jaune, sali, déchiré. Il hésitait. La comtesse regardait ce chiffon avec des yeux avides, comme si son regard de feu avait eu la puissance de l'anéantir.

— Et le droit, madame ! et la conscience ! dit lentement l'avare ; les intérêts de l'orphelin sont sacrés.

Le droit ! la conscience !

A ces paroles impudentes dans la bouche de celui qui les prononçait, la comtesse se sentit près d'éclater. Mais elle se contint, et, foudroyant l'avare d'un regard méprisant :

— Laissez-moi le soin d'exercer cette justice, dit-elle en s'efforçant de parler avec calme, cela ne regarde que moi.

M. Jérôme remit le papier dans le portefeuille, le portefeuille sur le bureau et la regardant avec une sorte de joie méchante :

— Vous êtes généreuse, madame, dit-il, mais je ne puis me défaire d'un aussi précieux document.

— Pourquoi? Seriez-vous intéressé en cette affaire?

— Personnellement, non.

— Alors expliquez-moi ce refus, monsieur. Vous voulez donc me nuire.

— Vous nuire, oh! non. Quand le temps sera venu, je remettrai moi-même cette terrible pièce entre vos mains. Jusque-là ce serait inutilement que vous chercheriez le motif qui me fait agir. Je vous ai dit mes intentions en vous révélant mon secret, et je vous le répète, madame, ne voyez pas en moi un ennemi.

— Et ce médecin, demanda la comtesse, qui me garantira sa discrétion?

— Oh! il n'y a pas à s'en inquiéter, madame. C'est un rêveur, un bon enfant, qui ne ferait pas mal à une mouche. Sa femme ne sachant rien, et je lui ai bien recommandé de ne lui rien dire, il oubliera cette affaire, elle s'abîmera dans son plan de maison, son idée fixe. De ce côté soyez tranquille.

— Je le sais, monsieur, dit la comtesse d'un ton agité qui démentait ses propres paroles; au fond, cette affaire m'inquiète peu. Je suis dans mon droit, et celui qui m'attaquerait risquerait fort de perdre l'enjeu qu'il mettrait dans cette partie.

— Hé, hé ! ricana M. Jérôme, cela pourrait être mis en doute, madame.

— Enfin, ce secret reste enseveli entre nous, ainsi toute discussion devient inutile. Ma bourse vous demeure ouverte pour l'acte de charité que nous exerçons ensemble. Je vous en avertis parce que je quitterai, je crois, sans tarder, Prévalon. Ce sera en toute sécurité, j'emporte votre promesse.

La voix de la comtesse s'était adoucie, et son beau visage avait pris cette expression séduisante qui la rendait irrésistible.

— Madame, nous savons l'un et l'autre à quoi nous nous sommes engagés, répondit M. Jérôme qui montrait l'insensibilité la plus complète et qui méprisait également les froncements de sourcils et les sourires. Permettez que j'aille vous reconduire.

Il se leva avec une grimace de douleur et suivit la comtesse en boitillant. Dans la cuisine qu'il fallait traverser pour sortir, la servante filait au rouet, et une pauvre femme assise sur la pierre du foyer devant un misérable feu d'ajoncs allaitait un enfant.

En apercevant M. Jérôme elle fit un mouvement comme pour se lever, mais un geste du maître la cloua à sa place. Quand il revint, il s'arrêta un moment près d'elle et lui dit rudement :

— Que venez-vous faire ici ? vous n'avez besoin de rien, et je vous ai défendu d'amener cet enfant chez moi.

La comtesse avait regagné sa voiture et y était remontée en donnant d'un geste à son cocher l'ordre de partir.

Pendant la route elle resta immobile, la figure ensevelie dans ses deux mains, elle ne sut qu'elle était arrivée que quand le cheval s'arrêta au pied du perron. Alors elle rabattit son voile de dentelle sur son visage, et descendit. Elle monta sans bruit et très-lentement le grand escalier, s'arrêtant parfois comme pour reprendre haleine, restant les yeux baissés et la main appuyée sur la rampe. Arrivée sur le palier du second étage elle y fit une longue halte, et puis, se dirigeant vers une des portes du fond, elle plaça sa main sur le loquet de fer. Deux fois son bras fit le mouvement de le lever, et deux fois il retomba, sans que la légère pression nécessaire pour que la porte s'ouvrît, eût été faite.

En ce moment où nul œil humain ne la voyait, la fière comtesse semblait en proie à une émotion singulière composée de peur, d'irrésolution et de remords. Sa figure pâlissait et rougissait tour à tour, son front se redressait terriblement plissé ou s'inclinait couvert

de pâleur, des lueurs étranges passaient dans son regard, sa bouche se fermait violemment par une contraction douloureuse des lèvres, ou s'ouvrait à demi
comme pour laisser passer le souffle brûlant et précipité qui soulevait sa poitrine.

Tout à coup, cette porte devant laquelle elle hésitait,
elle souffrait, elle tremblait, s'ouvrit brusquement, et
M. Charles parut. Cette chambre était la sienne, le
bruit d'une respiration haletante lui était vaguement
arrivé aux oreilles, et il venait voir ce que c'était.

En se trouvant face à face avec Mme de Prévalon il
recula très-surpris, salua, ouvrit la porte toute grande
et s'effaça, supposant qu'elle désirait entrer. Elle
entra.

Par un énergique effort de volonté sa physionomie
avait presque repris son expression habituelle ; mais ses
narines frémissantes, ses joues, ordinairement si pâles,
empourprées, révélaient la force de l'émotion intérieure.

Elle alla vers la fenêtre ouverte, et s'y pencha un
moment. Ses yeux, de ce côté, ne pouvaient rencontrer un toit, un sillon, une branche d'arbre qui ne lui
appartînt pas. Le magnifique domaine de Prévalon, borné
de toutes parts par sa forêt immense, était là comme
un bijou dans son écrin. L'arc de sa bouche se déten

dit, et un imperceptible sourire, à la fois orgueilleux et amer, glissa sur ses lèvres. Elle se retourna vers Charles, la physionomie presque calme, et, refusant d'un geste le siége qu'il lui avançait :

— J'ai une petite prière à vous adresser, Charles, commença-t-elle froidement.

Et rougissant malgré elle sous le regard profond du jeune homme, dont la curiosité semblait doubler la pénétration naturelle, elle ajouta d'une voix beaucoup moins assurée :

— Je voulais vous demander d'abord de conseiller à Gaston de ne pas faire retomber sa mauvaise humeur sur M. Jérôme Villeandré ; ensuite, de ne pas l'entretenir dans son goût très-vif et très-subit pour Prévalon. Il faut bien que je vous l'avoue. J'ai fait un essai malheureux, Prévalon me déplaît par continuation, et je serais désolée qu'il s'obstinât à vouloir y revenir tous les étés. J'ai fait là une promesse imprudente.

— Qu'importe, madame ! répondit Charles qui s'attendait à recevoir une confidence autre que celle-là, et qui dissimulait de son mieux son étonnement, votre bon plaisir n'est-il pas une loi pour Gaston ?

— Pas toujours, et, comme il a le caractère vif, je n'aime pas à agir d'autorité. Je vous ai dit franchement ma pensée, afin que si l'occasion s'en présente vous puissiez amener mon fils à se montrer plus soumis, vos conseils seront toujours bien accueillis, vous avez un si grand empire sur lui.

— Je vous proteste, madame, que...

— Vos protestations sont inutiles, croyez-le, je ne suis pas jalouse, et votre influence est de celles qu'on ne saurait craindre. Mais je vous ai troublé dans votre travail, vous écrivez, je crois. Je vous laisse, Charles, ne vous dérangez pas, ne revenez pas me reconduire, je ne veux pas.

Elle sortit sur ces paroles, et la porte se referma. De chaque côté de cette porte chacun d'eux songeait.

Dans la chambre, le jeune homme restait étonné, ému. Son front sur lequel l'étude et la méditation avaient posé leur sceau, s'était assombri. Quand Mme de Prévalon lui était apparue avec la physionomie bouleversée et dans son attitude accablée, il s'était senti lui-même singulièrement impressionné.

Que venait-elle lui dire? quelles étaient ces révélations qu'elle hésitait tant à lui faire? Ce n'était pas là première fois que l'égarement et la souffrance avaient devant lui passé sur ce froid visage ; plus d'une fois il avait vu les yeux de la comtesse s'arrêter sur lui, et il avait cru y lire un sentiment de répulsion mêlé à une tristesse chagrine, à une émotion pénible dont il ne pouvait se rendre compte. Tout à l'heure il s'était attendu à voir se soulever les voiles de ce mystère et ils retombaient plus épais devant ses yeux. Et comme instinctivement il se sentait mêlé à ce secret qu'on n'osait ou qu'on ne pouvait pas lui confier, il en éprouvait une véritable déception.

Sur le palier désert, Mme de Prévalon, fatiguée de l'effort moral qu'elle venait de faire, s'était arrêtée immobile. Puis, joignant les mains par un geste désespéré, elle murmura d'une voix voix sourde:

— Non, je n'en aurai jamais le courage.

Sur cette exclamation qu'aucune oreille ne devait entendre, elle alla s'enfermer dans son appartement avec une migraine qui ne lui permit même pas d'assister au souper.

XVII

Le départ de la famille de Prévalon fit un grand vide dans la localité, pour parler le langage de certains prévalonnais. La comtesse, Alix et Gaston faisaient bien dans le banc seigneurial, la voix juste et pénétrante de M. Charles remplaçait avantageusement les beuglements du bedeau qui trônait seul ordinairement devant le pupitre, les vicaires n'ayant pas de voix.

La grandeur d'ailleurs a son prestige. Celle qui naît du rang et de la richesse donne le plus d'éblouissements au grand nombre, car elle ne lui apparaît qu'identifiée en quelque sorte avec des avantages, visibles à l'œil nu. Ce sont des roses que le vulgaire croit sans épines.

Le bruit que la comtesse se déplaisait mortellement à Prévalon avait transpiré, et on craignit un moment que cette saison d'essai ne fût suivie d'aucune autre. Cette crainte ne se réalisa pas. Tous les ans, à la mi-avril, les fenêtres s'ouvraient, on arrachait les herbes qui avaient crû entre les pavés de la cour d'honneur, et aux premiers jours de mai on voyait monter au-dessus des grands arbres des tourbillons de fumée vomis par les larges cheminées de pierre. Les châtelains étaient arrivés.

Seulement, ils étaient rarement au complet. Pendant quatre ans, Gaston, Alix et leurs enfants demeurèrent au château l'été et une partie de l'automne; mais M. de Prévalon et la comtesse n'y firent que des apparitions. C'était pour Mme de Prévalon une question

de santé, disait-on. L'été il lui fallait l'air vif de la mer ;
elle étouffait à Prévalon.

Dans Prévalon même, aucun événement important
ne marqua ces quatre années qui s'écoulèrent doucement, comme les ruisseaux de l'été que ne grossissent
pas les pluies d'orage et qui descendent sans obstacles
leur pente fleurie. Seuls, les vieillards et les enfants en
sentirent le poids. Aux deux côtés extrêmes de la vie,
le temps ne passe jamais inaperçu, il détruit ou il dé-
veloppe.

Il avait beaucoup développé dans la famille du docteur Beautier. L'aîné des six enfants touchait à l'adolescence et les autres s'élevaient d'échelon en échelon.
Le lecteur peut les regarder en détail et jouir de l'ensemble. Ils sont tous réunis dans la grande chambre
qui précède le cabinet de travail. Pendant ces années
écoulées la maison idéale s'est augmentée d'un escalier, s'est embellie d'un pavillon, mais elle n'est pas
sortie du cerveau de son créateur, qui habite par continuation celle de ses pères.

On s'habille, l'eau ruisselle sur tous les fronts, les
bras nus se plongent dans un petit baquet placé au milieu de l'appartement. Mme Beautier, une éponge d'une
main, une serviette de l'autre, débarbouille les plus ré-
calcitrants. Elle a ses papillotes de papier gris, et rien

ne gêne la liberté de ses mouvements. En jupon court
et en camisole de nuit, elle n'est pas précisément une
Vénus, mais qu'importe, elle n'habite pas l'Olympe,
et, quand elle est douce, son mari la trouve charmante,
et l'adore. Ce n'est pas une mince tâche que d'habiller
ces six enfants qui ont horreur de l'eau, et dont le caractère est des plus indisciplinés.

Cependant, comme il ne s'agit rien moins que d'aller
goûter au château de Prévalon, et que cette invitation a
ravi tout le monde, on a commencé la toilette dans les
meilleures dispositions. La grosse Lucie a, pour la première fois de sa vie peut-être, laissé passer sans pleurer
le peigne dans la forêt de ses cheveux noirs; Emile, le
blême Emile, le favori de sa mère, a consenti à se laver
consciencieusement, ce qui lui arrive rarement; les autres ont fait aussi leur sacrifice, la toilette des dimanches
n'est pas souvent renouvelée, il y a des souliers étroits
pour les pieds qui ont grandi, des habits qui gênent aux
entournures, des robes qu'il faut être deux pour agraf-
fer, on grimace de douleur, on rougit à étouffer, mais
on pousse, on serre, on tire. Une petite gêne est bien
vite passée, et le château de Prévalon, pour tout ce
petit monde, c'est le palais enchanté des Mille et une
Nuits. La toilette achevée, Mme Beautier les pousse
dans le cabinet particulier, et les aligne contre le mur.

Et puis, en quelques mots, elle fait ses recommandations sur la passion dominante de chacun d'eux :

Lucie, qui est un peu voleuse, ne devra rien mettre dans ses poches ; Eugène, qui est gourmand, aura honte de se montrer goinfre ; Emile, qui frappe volontiers, se gardera bien de lever la main sur personne ; Claire, qui est triste, sera mise à la porte si elle pleure. Cela dit vertement, la mère disparaît. A peine est-elle sortie, que le petit bataillon se met en mouvement, sauf la petite Marie qui souffre des dents, et qui pleurniche en suçant avec ardeur un de ses pouces. Le bon docteur voit tout bouleverser autour de lui, et prête une oreille complaisante à tous les projets qui se forment. Au bout d'une demi-heure, Mᵐᵉ Beautier se représente. O muse, qui inspirâtes autrefois M. Beautier, que n'étiez-vous là ! Mélanie dans sa robe de marceline couleur puce, chaussée de ses escarpins, chef-d'œuvre du Caporal qui chaussait toute la société de Prévalon, les tempes ornées de .six longues papillotes, vous eût rappelé la Mélanie des anciens jours.

Le bon docteur, le doigt fixé entre ses deux yeux, ce qui rapproche ses lunettes, s'écrie :

— Dieu ! madame Beautier, que tu es belle !

Mélanie ne se déride pas sous le compliment. Viande creuse que tout cela. Elle donne une tape à Eugène, qui passe sous son nez la manche de son habit, et dit :

— Est-ce que tu comptes rester là toute l'après-midi?

C'était bien l'intention du cher homme, ses crayons sont taillés, il a promis un plan à un voisin, et il ne manquera pas de revenir sur le sien qui est là le sollicitant avec ses figures cabalistiques.

— J'ai fait, ce matin, ma tournée, répondit-il évasivement.

— Dans la campagne, oui, mais dans le bourg, non. Il y a Jean, le charron, la vieille Perrine du Cheval blanc.

— Qu'elle aille au diable ! s'écria le médecin ; elle est folle et elle me rendra fou, avec ses maladies imaginaires.

— Pauvre tête va ! Qu'est-ce que cela te fait, ses folies, elle a de l'argent, elle t'appelle toute la journée, fais-lui, au moins, une visite par jour.

— Pour l'entendre divaguer, ma foi non !

Mme Beautier leva vers le ciel ses mains gantées de filet noir.

— Quel homme, grand Dieu? s'écria-t-elle, quel homme!

Et se laissant choir sur une chaise, elle ajouta :

— Voilà mon plaisir fini, non, je n'irai pas à Prévalon, je resterai avec ma misère, car c'est une misère que d'avoir affaire à un homme qui a six enfants, et qui a le cœur de rester à fainéanter sur des paperasses imbéciles.

Le mot était violent, et cependant le docteur courba la tête. La voix de Mélanie était rauque, son œil éteint s'allumait, les papillotes avaient des frémissements, et les tics nerveux se succédaient sur son visage ému. La colère était proche ; or les colères de sa femme épouvantaient le bon Jacques à tel point qu'il eût été homme à se précipiter dans un terrier. Il était de pierre pour les impatiences, cela glissait sur lui comme l'eau sur le plumage d'un canard sauvage ; mais l'orage, ses éclairs et ses foudres, l'anéantissaient.

Le silence qui suivit fut soudain interrompu par deux cris aigus. Lucie et Emile avaient cru comprendre qu'on n'irait pas, et se décidaient à lancer les premières notes d'un concert bien connu des voisins. Ce prélude éveilla l'attention des plus petits. Ils se tournèrent vers leurs aînés et s'empressèrent d'imiter leurs affreuses gri_ maces. En une seconde tous les fronts se plissèrent, toutes les bouches s'ouvrirent en large, et tous les cris particuliers se fondirent en une plainte criée, glapis- sante et si formidable, que le petit roquet du docteur, qui maraudait sous ses fenêtres avec quelques camara- des, se mit à aboyer avec fureur.

— Grand Dieu ! j'en deviendrai sourd, s'écria le docteur en portant ses deux mains à ses oreilles, voulez-vous bien vous taire?

Mais cris et contorsions se continuaient ; la petite Marie, pour son compte, jeta des hurlements, dans lesquels la douleur qu'elle éprouvait aux gencives devait être pour beaucoup.

— Mais assez, assez donc, reprit le père en se levant furieux à son tour, vous irez, vous dis-je, votre mère ira.

Le trouble s'apaisa comme par enchantement, la bouche de Lucie et celle d'Emile s'étant soudainement fermées, toutes les bouches se fermèrent.

— Je ne partirai que quand tu seras parti toi-même, dit résolûment Mme Beautier redevenue calme au milieu des transports désespérés de sa progéniture.

— Oh! va, sois tranquille, je pars alors, répondit le pauvre homme en cherchant des yeux son chapeau. Plutôt que de rester ici pour ouïr ce tintamarre infernal, je ferais dix lieues à cheval sans souffler.

Et, enfonçant son couvre-chef sur ses yeux, il s'élança hors de son cabinet.

Mme Beautier appela ses servantes, et d'un tour de main compléta la toilette des enfants. La petite Marie, qui s'était remise à sucer son pouce avec sa résignation habituelle, fut, séance tenante, déclarée exclue de la partie. Sa figure et sa toillette n'étaient plus présentables.

— Je lui apporterai sa part, dit Mme Beautier avec un clignement d'yeux plein de promesses.

Et faisant signe aux enfants de disparaître, elle se déroba elle-même à l'attention de l'enfant qui commençait à se tordre sur les bras de celle qui l'empêchait de suivre sa mère.

Sur la place du bourg, attendait le char-à-banc du Chêne, Laurence avait obligeamment proposé à Mme Beautier des places pour sa nichée. Elle se figurait que Lucie et Emile seraient seuls amenés à Prévalon, et il y eut un moment d'embarras quand il s'agit de se placer. Les enfants furent condamnés à rester debout, et on partit. La belle jument grise du Chêne marchait avec une majesté qui ne lui était pas ordinaire, et, Mme Beautier en ayant fait finement la remarque, M. Boisselet, qui conduisait, répondit crûment qu'elle avait double charge.

C'était vrai, et ils arrivèrent les derniers au château dont la grande salle se remplissait de marmots. Tout l'avenir de Prévalon était réuni là, et le coup d'œil ne manquait pas de charme. C'est si joli, l'enfance !

Les invités ne paraissaient pas trop intimidés, l'accueil qu'ils recevaient étant de nature à vaincre les plus farouches timidités. C'était toujours un vrai bijou de vicomtesse que Mme Alix. Malgré ses vingt-sept ans, elle était aussi belle et aussi gracieuse que par le passé, et plus versée dans cette science difficile du monde qu'il n'est donné qu'à très-peu de savoir pratiquer. Sa présence ne stupéfait pas comme celle de sa belle-mère. Si la fierté ressortait un peu comme une conséquence naturelle des lignes nobles et accusées de ses traits, la douceur de son regard et de son sourire venant s'y ajouter écartait tout soupçon d'orgueil ; aussi ce visage, à la fois fier et doux, était-il trouvé par tous sympathique et char-mant.

Aimable avec les parents, elle était adorable avec les enfants. Il n'y avait pas de petit bonhomme qu'elle n'appelât tendrement par son nom, pas d'enfant qui ne reçut son baiser. Et cependant, ce n'était pas elle qui faisait ce jour-là les honneurs, du moins complétement. Elle s'était réservé les grandes personnes pour elle et son beau-père ; Christian et Alice recevaient leur petit monde et s'acquittaient de cette tâche avec une grâce qui rappelaient leur mère. Leur toilette était distinguée, mais très-simple en apparence. Bien que ce fût un jour de fête, les riches étoffes avaient été laissées dans la garde-robe, ce qui n'empêchait pas qu'ils ne fussent, l'un et l'autre, beaux et charmants. Christian avait sept ans. C'était toujours le beau petit Christian, au teint brun sous des cheveux blonds, aux yeux bleus sous des cils et des sourcils châtains. Il avait une manière ravissante de dresser la tête et de cambrer la taille le plus naturellement, mais le plus aristocratiquement du monde.

Alice avait encore quelque chose de la première enfance. Ses poignets étaient tout potelés, des fossettes se creusaient entre chacun de ses petits doigts, au milieu de ses joues rondes et de son menton gracieux.

Elle avait déjà les cheveux plus foncés que ceux de son frère. Ses yeux étaient noirs, son teint d'une blancheur de neige et le dessin mou de ses traits d'enfant paraissaient l'ébauche des magnifiques traits de son aïeule. Tous ceux qui la voyaient prédisaient qu'elle hériterait de sa rare et régulière beauté.

Sitôt que la porte du salon s'ouvrait, ils s'élançaient au-devant de leurs hôtes. On s'embrassait chaleureusement. Puis, Christian, avec une galanterie des plus raffinées, offrant son bras à la plus âgée des bambines, la conduisait gravement à Mme Alix ; la petite Alice suivait entraînant des deux mains les plus timides abritées depuis l'entrée au château sous le jupon maternel.

Quand les familles Dartel et Beautier se présentèrent, l'impartialité déployée jusque-là par le petit châtelain fléchit. Il avait devant lui Laurence Dartel et Lucie Beautier : Laurence, une petite blonde charmante, à l'air timide et doux, à l'œil noir et fin ; Lucie, une grande et grosse fille prodigieusement intimidée, à la figure renfrognée, occupée à se gratter la tête par-dessous son chapeau. On s'en souvient, le titre d'aînée qu'il devinait guidait poliment son choix. Cette fois, d'ailleurs, l'hésitation n'était pas possible ; Lucie dépassait Laurence de toute la tête, et portait généreusement les deux ans qu'elle avait de plus qu'elle.

Le beau petit Christian le vit, et cependant il se montra faible. Saluant fort gracieusement Lucie, il passa devant elle et alla offrir son bras à la gentille Laurence, qui le prit sans se faire prier, ce que n'aurait pas fait Lucie, la sauvage, l'ébouriffée Lucie, qui ressemblait vraiment, en ce moment, à une jeune louve sortie des bois de Prévalon.

Une fois la société au complet, les jeux s'organisèrent, ce qui fit disparaître l'étiquette et la gêne.

Un brouillard épais s'opposait à ce qu'on allât prendre ses ébats au dehors ; mais la salle était grande et les jouets nombreux et nouveaux.

La comtesse fit une courte apparition. Elle n'approuvait qu'à demi ce qu'elle appelait la condescendance de sa belle-fille. Son orgueil de caste suivait une marche tellement ascendante, qu'elle se fût volontiers crue d'une nature autre que les autres. Entichée jusqu'à la passion des avantages de sa position sociale, elle en réclamait impérieusement les droits, mais n'en pratiquait aucun des devoirs. Sa charité, cette douce vertu chrétienne qui met au fond des heureux de ce monde une auréole dont l'éclat ne blesse aucun œil jaloux, n'était qu'un acte de générosité orgueilleuse, et ne faisait germer ni la reconnaissance ni l'amour. Alix entendait bien mieux ses devoirs, elle eût trouvé triste de vivre à Prévalon dans sa grandeur solitaire ; sa nature sympathique appelait la sympathie, elle se faisait adorer de toute cette bourgeoisie de Prévalon, si méprisée par la comtesse, et chacun de ses membres eût regretté de voir se ternir un seul de ces prestiges qu'elle savait porter avec une si gracieuse dignité. Le malheur, la honte, la souffrance, peuvent entrer partout et abaisser les fronts les plus superbes ; mais à Prévalon on n'aurait jamais supposé qu'ils pussent s'insinuer au château.

Alix avait toutes les qualités, toutes les vertus, toutes les grâces, elle méritait tous les hommages, toutes les grandeurs, tous les bonheurs.

Cette bienveillance générale était née de l'estime

qu'on avait pour son caractère et de l'amour qu'on avait pour sa personne, mais la comtesse faisait bon marché de l'opinion des Prévalonnais et trouvait sa belle-fille trop humble.

Elle ne fit donc qu'apparaître, la simple politesse exigeant qu'elle parût, mais elle se donna la migraine, et sous ce prétexte elle put fuir le tapage étourdissant qui remplissait le grand salon.

Gaston chassait. Il y avait même grande chasse ces jours-là dans la forêt de Prévalon, et Joseph Villeandré, devenu, comme on le sait, un amateur passionné de ce passe-temps, quittait depuis deux jours sa maison aussitôt le soleil levé. Pour conduire ses enfauts à la fête de Prévalon il avait d'ailleurs sa belle-mère, Mme de Châteaunay, qui ne pouvant souffrir la hautaine comtesse ne laissait cependant passer aucune occasion de se présenter chez elle. Elle était arrivée la première, et elle était là parée, bavardant suivant sa coutume, recevant, en se rengorgeant, les compliments que M. de Prévalon et Alix lui adressaient sur ses petits-enfants. Cette fois, la jeune femme n'avait pas besoin pour son appréciation de recourir à sa bienveillance naturelle. Valentine et le blond Joseph étaient fort gentils et se détachaient avantageusement sur la masse des petits Prévalonnais.

Mais ce qui frappait la vicomtesse, c'était la ressemblance de Joseph avec sa mère.

Quand elle en fit la remarque, Mme de Châteaunay, qui avait complétement perdu ses anciennes manières de femme du monde, y répondit par son geste favori, qui consistait à frapper ses mains sèches l'une contre l'autre, puis à les lever au ciel.

— C'est étrange! c'est étrange! reprit Alix; viens ici, mon petit Joseph.

Et elle passa sa main fine autour de la taille svelte de l'enfant pour l'attirer à elle.

Le front blanc de Joseph s'empourpra, il leva vers cette figure amie ses deux grands yeux bleus où semblait revivre l'âme de Valentine.

— C'est bien dommage que ce soit un garçon, madame, continua Alix. Grande, une jeune fille eût ressemblé d'une manière saisissante à sa mère qui était si bien.

— Madame, sa fille lui ressemblera aussi, aucun de ces enfants n'est Villeandré, s'écria Mme de Châteaunay en faisant avancer Valentine. Regardez cette petite. A part la couleur des yeux, des cheveux et de la peau, n'est-elle pas le portrait vivant de ma pauvre fille ?

Alix hocha la tête sans répondre.

Courte et brune, fraîche et forte, Valentine, avec ses

yeux vifs, sa bouche largement fendue, sa figure un peu plate, ressemblait étonnamment à son père.

Mais Mme de Châteaunay devait vivre et mourir dans l'habitude de ne rien juger sainement et de tout voir à travers le prisme changeant de ses caprices et de ses idées.

Christian ayant à son bras Laurence, dont il s'était définitivement emparé, appela en ce moment Mme de Prévalon. On voulait danser et personne ne voulait chanter une ronde.

Alix invita les jeunes femmes à se montrer complaisantes, et entonna de sa voix harmonieuse et vibrante un de ces chants naïfs qui se savent partout. Tous les petits pieds s'ébranlèrent et toutes les petites voix répétèrent le refrain avec la plus entraînante vigueur.

Une très-belle collation vint faire diversion à tous ces plaisirs. Si les enfants sont des anges d'innocence, ce sont aussi de petits êtres voraces, des chérubins qui boivent et qui mangent sans cesse.

Jusqu'à cet instant, très-vivement désiré, de la collation, les petits Beautier et leur mère s'étaient fort joliment comportés.

Cette sagesse fit naufrage, quand ils se trouvèrent installés autour de cette table couverte de montagnes sucrées s'élevant près de lacs de crème.

L'avidité, une avidité effrayante, se peignit sur les traits des enfants, et au haut bout de la table, Mme Beautier se livra sans vergogne à la plus honteuse razzia.

Elle accumulait sous sa serviette pour — la petite — une partie du contenu de son assiette, et ses voisines, troublées et confuses, tremblaient que Mme de Prévalon ne s'en aperçût.

— J'aime mieux porter ceci à ma — petite plaignante — que le manger moi-même, leur avait-elle glissé à l'oreille.

Et malgré leurs protestations sourdes, mais énergiques, la main décharnée faisait de fréquents voyages de l'assiette à la poche, la halte avait lieu sous la serviette.

Les enfants prévalonnais, en général, se conduisaient bien, et les mères et les tantes n'avaient encore eu besoin d'intervenir que du regard, quand Lucie Beautier vint troubler cette paix par un cri de rage à demi étouffé qui fit tressauter chacun sur sa chaise.

— Lucie! cria Mme Beautier en fronçant terriblement ses sourcils jaunâtres.

Lucie leva vers elle sa figure enflammée, et, maintenant des deux mains les mains de son frère Eugène, dirigées avec des intentions évidemment hostiles vers son assiette.

— Maman, Eugène fait son goinfre et veut manger tout le nougat, s'écria-t-elle impétueusement, la passion l'emportant sur la sauvagerie.

— Maman, ça n'est pas vrai, pleurnicha Eugène.

— Si, c'est vrai.

— Et elle donc qui a volé le petit jeu de dominos, cria le petit garçon que la fureur gagnait, voleuse! voleuse!

Les autres enfants riaient aux éclats, moins la petite Claire Beautier qui pleurait de honte.

La situation devenait grave, et l'honneur des Beautier était déjà fortement endommagé.

Mme Beautier le sentit. Elle recula sa chaise avec sa brusquerie habituelle, et jeta étourdiment sa serviette sur la table. Une pluie de bonbons s'en échappa, un macaron alla écorcher le nez busqué de la vénérable dame qui lui faisait vis-à-vis, une dragée blanche alla se loger dans les cheveux bruns d'Alix, où elle fit l'effet d'une perle, les autres roulèrent sur la nappe.

Les vieilles dames prévalonnaises rougirent cette fois de confusion, et les plus jeunes ne purent retenir un immense éclat de rire en regardant Alix qui se pinçait les lèvres.

— C'était pour — ma petite Marie, — madame, dit Mme Beautier qui se cuirassait contre la honte; les enfants, vous savez...

Et sa main décharnée fouillait les replis de la nappe.

— Mais laissez donc, madame, répondit Alix qui surmontait à grand'peine une folle envie de rire, je me charge de l'enfant que vous avez eu mille fois raison de ne pas oublier.

Et faisant signe à un domestique de lui apporter une corbeille, elle plongea sa main blanche dans les assiettes remplies de sucreries, et dit :

— Vous en ferez un paquet à l'adresse de Mlle Beautier.

On ne pouvait réparer une sottise plus délicatement et plus gracieusement. Mme Beautier remercia et rejoignit ses enfants qui continuaient à se quereller. Eugène continuait à appeler voleuse Lucie, qui fermait intrépidement sa poche. Elle fut ouverte d'autorité par la mère dont les nerfs commençaient à se faire sentir, et le petit jeu de dominos qui avait séduit Lucie apparut.

—Les enfants ! répéta Mme Beautier en haussant les épaules et en secouant rudement par le bras sa fille que la découverte de son méfait humiliait profondément.

Christian, sur un regard de Mme Alix, s'approcha.

— Puisqu'ils vous plaisent, Lucie, gardez-les en souvenir de moi, dit-il poliment.

Lucie ne se fit pas prier et empocha la petite boîte

en jetant sur son frère Eugène un coup d'œil de joie triomphante.

Mme Beautier regagna sa place, et peu après on passa dans le grand salon.

Le vin de Champagne versé à la ronde avait fini de rompre la glace ; la gaieté un moment refroidie par l'incident Beautier était à son comble, et Alix pensa à s'alléger elle-même, pendant quelques minutes, de son devoir de maîtresse de maison. Toutes les dames prévalonnaises s'entretenaient chaleureusement entre elles, et l'animation croissait en proportion de l'intérêt du sujet de conversation. Or on parlait recettes, et sur ce terrain toutes les langues se délient.

Chaque femme a la sienne, qui en cuisine, qui en médecine, qui en toilette. Heureuse celle qu'on consulte et qui est appelée à la délectation de l'analyse. C'est un plat dont on explique longuement les mystérieuses transformations en entrant dans les détails dont s'effrayerait le Cuisinier Royal ; c'est un remède dont la puissante efficacité ne peut soulever d'objections, et qui vous donne un avant-goût de ce que peut être une officine d'apothicaire ; c'est un moyen de conservation qui fait que la viande n'est jamais gâtée dans le garde-manger, ou le manchon attaqué par les mites ou le linge moisi par l'humidité.

Il y a là autant de cuisiniers qu'il y a de docteurs ; les recettes pleuvent ; avouez un mal, vous trouverez vingt remèdes différents, au bout de chacun desquels la guérison se trouve. Oui, mais vous n'en garderez pas moins vos maux des dents, vos cors aux pieds, votre rhume ; vous n'en verrez pas moins vos fourrures trouées par les mites, vos fruits pourris dans votre fruitier, vos légumes saisis par la gelée.

Enfin, dans le nombre prodigieux de ces panacées, de ces recettes, il s'en rencontre de bonnes, nées de l'observation et de l'expérience, et toutes ont l'avantage de fournir à l'activité de la langue des femmes un aliment, aliment sain, puisqu'il suppose le désir de rendre service à ses semblables. Cependant on a vu des donneuses de recettes prêtes à se dévorer entre elles, mais cela n'est qu'un fait isolé. Généralement, chacune écoute paisiblement, à la condition de raconter à son tour.

Alix de Prévalon ne goûtait que fort médiocrement ce genre de conversation, et, ainsi que nous ne l'avons dit, substituant un instant son propre plaisir au plaisir de ses invités en général, elle rejoignit, dans l'embrasure d'une fenêtre ouverte, Laurence Dartel, qui s'y était réfugiée pour refaire une des longues nattes de sa fille, dont un danseur espiègle avait jugé à propos de dénouer le lien bleu.

Dans le monde prévalonnais, Mme Dartel, Valentine morte, portait un peu le sceptre de l'esprit et des bonnes manières, et les relations amicales entre le château de Prévalon et le manoir du Chêne commençaient à devenir fréquentes.

Les deux jeunes femmes se mirent à causer.

Laurence, les doigts plongés dans les cheveux d'or de sa fille, tournait à demi le dos à la fenêtre ; Alix, les deux mains sur la boiserie, regardait au dehors. On était aux premiers jours du printemps. Les bourgeons rendaient les grands chênes tout jaunes, les jeunes arbres et les arbustres hâtifs montraient leurs bouquets et leur feuillage d'un vert clair et doux. Chaque jour amenait un changement d'aspect dans cette masse émue et vivante de la forêt entrée en fermentation, et c'était un des plaisirs de la jeune châtelaine de suivre de l'œil ce travail mystérieux qui se résolvait en teintes plus douces, plus sombres et plus variées.

La nuit précédente avait vu éclore bien des fleurs, ce qui donnait un éclat tout particulier à la partie de la forêt qui touchait à la cour d'honneur. Alix regardait ce parterre fraîchement épanoui, et elle répondait à Laurence sans se détourner, avec une douce familiarité des relations intimes, quand tout à coup elle s'interrompit brusquement au milieu d'une phrase commencée.

Laurence la vit se pencher rapidement au dehors.

Elle renvoya sa fille et demanda surprise :

— Qu'y a-t-il ?

— Oh ! voyez, voyez, murmura Alix, là-bas, dans l'allée, à gauche.

Laurence regarda dans la direction indiquée.

Dans cette avenue il n'y avait que des châtaigniers, et entre les troncs lisses et grisâtres on voyait clairement un cortège s'avancer lentement. Plusieurs hommes portaient un fardeau. Quel fardeau ? C'était ce que la distance ne permettait pas de reconnaître.

— Laurence, c'est un homme qu'on amène ainsi, reprit Alix en pressant violemment le bras de la jeune femme, c'est un homme, n'est-ce pas ? regardez encore ; moi, je n'y vois plus.

Et tandis qu'elle essuyait en tremblant les larmes qui lui troublait la vue, Laurence, plaçant sa main en abat-jour sur ses yeux, plongea de nouveau son regard dans la profondeur feuillue.

— C'en est un, c'en est un, s'écria soudain Alix éperdue, je viens de voir son visage, un visage de mort. Mon Dieu ! mon Dieu ! Gaston !

Et elle s'élança hors de l'appartement.

XVIII

Quand après avoir descendu l'escalier en courant,
elle parut pâle, haletante sur le perron, un cri de soulagement sortit de sa poitrine, elle se laissa tomber
sur les degrés de pierre. Un homme traversait la cour
au pas de course, et son cœur et ses yeux avaient reconnu Gaston.

Il arriva près d'elle avant qu'elle eût pu, de loin, lui
adresser une question.

Il était essoufflé, rouge, la sueur lui coulait du front,
il avait les traits bouleversés.

Alix, quel malheur! balbutia-t-il en se penchant
vers elle; vite un lit préparé, du linge, des bandages,
Joseph Villeandré a reçu une charge de plomb en pleine
poitrine.

— Ah! mon Dieu! gémit la jeune femme.

En ce moment, une sorte de cri rauque lui fit lever
la tête.

Pâle et les yeux fixes, Laurence, que l'angoisse immobilisait, attendait la terrible révélation : Louis Dartel était avec les chasseurs.

— M. Villeandré est blessé, cria Alix.

Et elle suivit son mari dans une chambre du premier étage qu'il fallait disposer pour recevoir Joseph Villeandré.

Laurence l'y rejoignit bientôt, et pendant les quelques minutes qui s'écoulèrent jusqu'à l'arrivée du blessé M. de Prévalon, un peu remis de sa course désordonnée, raconta comment l'accident était arrivé.

Depuis le matin on poursuivait un chevreuil qui mettait en défaut les chiens, grâce au vent qui affaiblissait l'odeur de la piste, et les chasseurs, grâce au brouillard qui devenait de plus en plus intense. Un chasseur novice et maladroit, posté depuis le lancé dans un carrefour, avait vu quelque.chose se mouvoir devant lui dans le fourré, et il avait tiré un coup de fusil au hasard. Cet acte d'imprudence allait peut-être coûter la vie à Joseph Villeandré, car c'était lui que le malheureux avait atteint. Son état paraissait des plus graves. Deux chasseurs avaient couru à Prévalon pour en ramener le médecin et un prêtre, mais on tremblait qu'ils n'arrivassent trop tard.

Le récit de Gaston fut plus d'une fois interrompu par les sanglots de Laurence.

Elle aimait sincèrement Joseph dont elle avait partagé tous les chagrins, c'était un frère qu'elle allait peut-être perdre.

Quand M. de Prévalon se tut, elle se leva, s'essuya les yeux et sortit. Elle allait au-devant du blessé, elle voulait le voir vivant, si cela était possible. Alix fit elle-même les préparatifs et passa dans l'appartement de sa belle mère pour l'avertir de ce qui se passait. La comtesse écouta assez froidement cette triste nouvelle qui lui était dite avec la plus douloureuse émotion. Le nom de Villeandré paraissait toujours lui causer une impression pénible, la vue seule de l'un des membres de cette famille lui était désagréable, et cela même faisait attribuer à une bizarrerie de caractère poussée à l'extrême, l'étrange preuve de confiance qu'elle avait donnée à Jérôme Villeandré, la déférence qu'elle lui témoignait.

Comme Alix sortait de la chambre de Mme de Prévalon, le sinistre cortége arrivait au bas du grand escalier. Laurence le précédait en pleurant, elle n'avait embrassé qu'un cadavre.

Alix alors se dirigea vers le salon, où dansaient les enfants de Joseph. Sa disparition n'avait en aucune façon attiré l'attention, et, quand elle entra, elle vit que la fête suivait son cours ordinaire, qu'aucune inquiétude ne planait dans le vaste appartement rempli de chants, de cris et de murmures. Elle s'était composé une physionomie, et cependant elle ne put, sans tressaillement, voir dans le tourbillon dansant qui allait passer devant elle flotter les cheveux blonds de Joseph, briller les yeux noirs de Valentine. D'un geste elle arrêta la ronde folle, mit, en étouffant ses soupirs, un baiser sur le front moite des enfants devenus si subitement orphelins, et, appelant Christian, elle lui donna ses ordres.

On avait assez dansé, et dans l'appartement voisin il y avait des images et des livres tout préparés. Christian, et Alice, soumis aux désirs de leur mère, entrainèrent la bande joyeuse des enfants qui voltigeaient sur leurs traces comme une troupe d'oiseaux effarouchés. Quand Alix les eut vus disparaître, elle se dirigea vers madame de Chateaunay, qui causait avec M. de Prévalon, et la pria de vouloir bien se rendre à l'appartement de sa belle-mère, sous la conduite de Clémentine, qui attendait respectueusement à la porte.

Mme de Châteaunay se leva très-flattée de l'invitation et sortit avec empressement, sans faire le moindre commentaire.

Elle trouvait tout simple que Mme de Prévalon la distinguât des dames prévalonnaises, et malgré son indisposition désirât jouir quelque temps de sa gracieuse présence.

Alix alors annonça la terrifiante nouvelle. Ce fut un véritable coup de foudre pour la société réunie dans le salon. Des liens de parenté ou d'amitié ancienne attachaient toutes les personnes présentes à Joseph Villeandré, ses malheurs l'avaient entouré de la sympathie générale, et son caractère tranquille l'éloignait des petites intrigues dont sa belle-mère tenait toujours un des fils. La consternation fut donc générale. Chaque mère alla chercher ses enfants, et tous les invités, moins Laurence, s'éclipsèrent un à un. Mme Beautier tout en larmes semblait ne pas pouvoir se décider à quitter le château. Elle courait du salon à la salle à manger, de la salle à manger au salon, inquiète, agitée, rudoyant ses enfants qui couraient après elle. Enfin elle laissa deviner l'objet de sa préoccupation.

— Lucie, dit-elle en attirant sa fille aînée dans un coin, tu l'as pris ?

— Quoi, maman ?

— Le sac de bonbons.

— Non.

— Qu'en a-t-on fait, alors ? Mon Dieu, mon Dieu ! ce pauvre Joseph ! quand on y pense. Il était là sur le coin de ce grand buffet. Ces pauvres Villeandré n'ont pas de bonheur : encore deux orphelins ! Allons, venez. Lucie, ne mange pas les rubans de ton chapeau. Je regrette ces sucreries ; elles vont être perdues ; les domestiques les auront jetées quelque part. Eh bien, Eugène, que fais-tu....

— Le voici, maman.

Eugène avait tout doucement ouvert un tiroir et en tirait triomphalement le sac cherché.

Mme Beautier le plaça sur son bras et sortit saisie d'un nouvel accès de douleur.

Alix s'était rendue dans la chambre où l'on avait déposé Joseph. Il était couché la poitrine recouverte d'un linge qui se teignait de sang, et cela faisait mal de voir sans souffle et sans couleur, cette large et robuste poitrine où peu d'heures auparavant il y avait tant de vie. Laurence et Louis Dartel pleuraient silencieusement ; d'autres parents entouraient le lit, l'air morne et désolé. Mme de Châteaunay se lamentait bruyamment selon son habitude. Son gendre mort avait à ses yeux toutes les vertus. Que deviendrait-elle maintenant ? que deviendraient les enfants ? — On va peut-être me les arracher, s'écriait-elle ; il n'a pas mis ordre à ses affaires, et M. Jérôme va être nommé le tuteur de ces pauvres petits : un homme sans entrailles et sans cœur !

— Ne dites pas cela, madame, s'écria Laurence imprudemment ; ces chers petits ne seront pas abandonnés à un pareil être, cela serait inhumain.

— Et pourquoi, mesdames? dit la voix discordante de Jérôme Villeandré, qui était entré sans qu'on s'en fût aperçu ; je suis leur plus proche parent et je réclamerai des droits que la loi me donne.

Laurence échangea un regard désolé avec son mari. La pauvre femme sentait que le vindicatif vieillard ne lui pardonnerait jamais ce qu'elle venait de dire, et cependant avec quel bonheur n'eût-elle pas rempli près des orphelins ce rôle de mère qui convenait si bien à son affectueuse nature !

XIX

Ce fut pour Prévalon tout entier un triste jour que celui où les panonceaux, qui surmontaient la vieille porte cintrée de la maison Villeandré depuis si long-temps, en furent arrachés et allèrent honteusement s'accrocher aux clous de fer enfoncés sous sa fenêtre par les mains sordides de Jérôme Villeandré. Il avait acheté l'étude de son neveu, et le conseil de famille s'était cru obligé de le nommer tuteur de ses enfants. Les pauvres petits délogèrent en même temps que les panonceaux. Ils arrivèrent conduits par Chatherine. Mme de Châteaunay, après plusieurs scènes, dans lesquelles elle n'avait pas été ménagée par l'avare, était partie pour rejoindre son fils, Jérôme Villeandré et elle ne pouvant plus, après ce qui s'était dit, habiter le même endroit, sans éprouver le désir de se sauter aux yeux.

— Oui, je voudrais lui enfoncer mes dix ongles dans son odieuse et diabolique figure, s'était écriée Mme de Châteaunay dans le paroxysme de sa colère.

— Si cette bonne dame continue à m'injurier ainsi, avait dit Jérôme, mon bâton de houx fera quelque jour connaissance avec sa vieille carcasse, et je fermerai pour toujours sa bouche maudite.

Quand on en est arrivé là, il faut se séparer, et la vieille dame était partie. Mais il y avait là une autre femme qui, sans rien dire, se disposait à lutter contre l'avare. C'était Catherine. Lui ôter Joseph et Titine, c'eût été lui arracher le cœur ; et elle s'était montrée prudente afin de ne rien perdre de sa force.

Elle arriva donc les tenant tous deux par la main,

et M. Jérôme la trouva déballant leurs effets et les siens.

— Vous n'avez plus rien à faire, dit-il assez rudement, ma servante arrangera cela.

Sa servante! Catherine regarda du coin de l'œil la pauvre femme à moitié idiote et si misérablement vêtue qui filait auprès du feu, et des larmes montèrent à ses paupières, rien qu'à l'idée de voir ses chérubins abandonnés à ces mains inhabiles et malpropres.

— Monsieur, dit-elle en les renfonçant, j'avais espéré que vous m'eussiez prise à votre service.

L'avare eut un ricanement.

— Oui-dà, dit-il, ma pauvre maison n'a pas besoin de servantes huppées comme vous, Cateau.

— Mais les enfants, monsieur ?

— Les enfants se tireront comme ils pourront, et ceci ne regarde que moi.

— Pourtant, monsieur, j'ai juré à leur mère que je ne les quitterais jamais.

— Il ne fallait pas jurer, ma fille, personne ne peut savoir ce qui peut arriver.

— Puisque cela est fait, monsieur.

— Allons, ne me rompez pas ainsi les oreilles ; mes pupilles ne sont pas, que je sache, attachés aux lacets de votre tablier.

Catherine avait le sang chaud ; elle se tenait à quatre pour ne pas éclater ; mais la partie qu'elle jouait en ce moment était d'une telle importance pour elle, qu'elle dominait son émotion et qu'elle dissimulait ses craintes.

— Comme vous voudrez, monsieur, répondit-elle, en affectant un calme qu'eussent démenti, aux yeux d'un observateur attentif, les soulèvements de sa poitrine et les mouvements fébriles de ses mains, comme vous voudrez. Voulez-vous me passer ce paquet ; il faut que je le défasse, car j'ai un peu jeté tout pêle-mêle. Bien merci. Cela, voyez-vous, me fait bien rire, de penser que vous me trouvez trop huppée pour devenir votre servante.

Et elle jeta un éclat de rire nerveux qui faisait mal à entendre.

— Titine, ne déploie pas mes tabliers, reprit-elle ; tu me donnes double ouvrage, et ton oncle est pressé. N'est-ce pas, monsieur Jérôme, que vous êtes pressé de me voir partir ? Soyez tranquille ; mon paquet sera vite fait, et je vous débarrasserai aussitôt de ma présence. Je croyais bien pourtant ne plus déloger d'ici, et, il faut l'avouer, je n'en suis pas fâchée.

Elle regarda autour d'elle et reprit :

— La maison n'est pas gaie, et pourtant j'étais dé-cidée à faire tous les sacrifices pour ne pas quitter les enfants. M. Jérôme a déjà une servante, que je me disais à part moi, et il n'en voudra peut-être pas d'une seconde. Mais je suis jeune, forte, bonne travaillante, et comme il tient des terres, je lui remplacerai presque un journalier.

Elle s'interrompit pour serrer la corde enroulée autour du paquet, et jeta un coup d'œil en dessous à l'avare.

Il la regardait d'une certaine façon, en amateur. Il y avait cent à parier contre un qu'il constatait qu'elle disait vrai en parlant de sa force et qu'elle n'avançait rien en ayant l'air de se proposer pour travailler au dehors.

— Et je ne lui demanderais pas de gages, ajouta la courageuse fille qui crut que le moment de frapper le grand coup était venu.

M. Jérôme fit un mouvement, et puis, souriant à demi.

— Vous êtes une fine chatte, Cateau, dit-il; vous voulez vous faire regretter, malheureusement je suis aussi rusé que vous. Vous êtes bien nippée, je le vois; mais tout s'use, et, si vous donnez votre temps pour rien, comment remplacerez-vous votre garde-robe?

— Monsieur, je ne suis pas une menteuse, dit Catherine en feignant une grande colère; puisque je vous dis que je pouvais rester sans gages chez vous, c'est que je le pouvais.

— Là, là, ne vous enflammez pas; prouvez-le-moi seulement.

— Tenez, dit Catherine en tirant de sa poche un papier timbré, voilà qui vous prouvera qne le frère de ma mère me laisse une rente de blé qui me donne quarante écus de rente. Avec cela je me tirerai d'affaire partout.

— Tiens, tiens, mais c'est vrai, dit l'avare en lisant le papier ; vous êtes, ma foi, une espèce de propriétaire, ma chère.

— Et je n'ai pas besoin de vos gages, monsieur, et, si vous m'aviez gardée, je n'aurais pas demandé un sou.

— Vraiment?

— C'est comme je vous le dis.

— Oui, mais le monde de Prévalon me jetterait la pierre; il ne comprendrait pas que, vous prenant par complaisance, par pure complaisance, il n'y aurait rien d'extraordinaire à ce que je ne vous paie pas.

— Je sais tenir ma langue devant les gens de Prévalon, monsieur ; et à ceux qui seraient trop curieux, je leur dirais que vous me donnez les mêmes gages que madame Villcandré.

— Vous le leur diriez, Catherine?

— Sur ma foi, monsieur.

L'avare était ébranlé; le travail de cette robuste fille ne lui coûterait rien. C'était un bénéfice tout clair, tout net. Cependant il hésitait, et cette hésitation glaçait le sang de Catherine dans ses veines; mais elle n'en continuait pas moins à refaire son paquet sans se presser, les jupes de drap sont si correctement pliées, qu'il fallait bien replier en entier celles qui n'avaient pas conservé leur aspect régulier.

— Il y aura encore deux autres petites difficultés, reprit M Jérôme avec un demi-sourire sournois et fin. J'aime à être le maître chez moi, Catherine, et ma maison n'est pas tenue sur le même pied que l'était celle de ma belle-sœur. Vous pourriez trouver à redire sur la nourriture et le reste.

— Jusqu'à seize ans j'ai mangé du pain noir chez mes parents, monsieur, soyez tranquille, je ne me plaindrai pas.

— Ensuite vous êtes jeune, pas laide, et cependant on ne veille pas plus chez moi le dimanche que les autres jours. Vous comprenez?

— Je comprends, oui, monsieur, répondit Catherine gravement, mais je ne suis vraiment pas marrie de cela, les veillées du dimanche sont finies pour moi, je ne me marierai pas.

— Bien sûr ?

— Bien sûr.

— Alors je vois qu'il faudra vous arranger bon gré mal gré ; tenez, laissez ce paquet, ma brave Cateau ; je vois bien qu'à cause des enfants vous regretteriez de partir. Je vous prends donc à mon service, aux conditions dont nous parlions tout à l'heure, et pour essayer , bien entendu, si nous ne nous convenons pas, nous nous séparerons.

Si Catherine ne se fût retenue, elle se fût jetée au cou de l'abominable homme qui lui faisait cette grâce d'accepter ses sueurs gratis ; mais bah ! que lui importait ? elle restait avec les enfants et son cœur dévoué nageait dans la joie...

XX

L'entrée de Catherine chez le tuteur des enfants de Joseph et de Valentine, adoucit un peu le chagrin qu'éprouvait Laurence de ne pouvoir s'en charger. Elle avait fait une tentative près de l'avare. M. Jérôme détestait cordialement les enfants; mais il était rancunier, et, comme il ne pardonnait pas à Mme Dartel l'exclamation qui lui était échappée au château de Prévalon, il s'était donné le plaisir de refuser tout net.

Ce n'était donc pas un dévouement inutile que celui de la fidèle servante. M. Jérôme, trop occupé de ses affaires, ne faisait pas la moindre attention à ses pupilles, et il les eût laissé vagabonder dans Prévalon sans surveillance, ce qui leur eût été très-préjudiciable. Catherine elle-même n'entravait peut-être pas leur liberté autant qu'il l'eût fallu, elle empêchait seulement l'abus. La simple fille élevée dans les champs ne pouvait pas trouver mauvais qu'en grandissant ils aimassent de plus en plus à courir la campagne sans guides. Et puis, elle était faible et elle ne les contrariait que le moins possible dans leurs goûts.

Cette vie passée en plein air les fortifiait. Joseph, qui tenait de sa mère une santé délicate, se développait, et, quant à Titine, elle poussait comme un champignon. Le plus souvent ils vaguaient dans les environs avec les petits Beautier, aussi libres qu'eux. Lucie, en sa qualité d'aînée, conduisait la bande enfantine. Elle marchait toujours devant à grands pas, ses épais cheveux lui pendant sur le dos, et montrant sans vergogne les accrocs qui s'ouvraient béants sur sa robe.

Pendant l'été, il n'y avait pas d'enfants plus heureux qu'eux. Quand ils passaient sur le domaine des Boisselet, ils emmenaient Laurence, surtout s'ils allaient à la Brûlerie. C'était une grande lande plantée d'ajoncs, située tout près du Chêne, et qu'ils aimaient beaucoup. Mais aussi quel beau lieu c'était ! On eût dit une forêt en miniature plantée d'arbres à fleurs d'or. Quand le soleil donnait dessus, c'était vraiment éblouissant. Et c'était pour eux tout un domaine que cette lande. D'un côté on avait construit un four où rôtissaient des pommes de terre ; de l'autre une cabane à insectes recouverte d'un tissu de joncs entrelacés, dû aux doigts déliés de Joseph et de Laurence. Et puis, il y avait la garenne, la volière, l'étable, où entrait un agneau blanc qui suivait Laurence comme un chien. Une assez grande distance séparait tous ces établissements, mais sur le chemin blanchâtre semé de roches polies qui traversait la lande, il faisait bon courir pieds nus, le sol était si chaud, le sable si fin !

Quand les grands jeux, les jeux où l'on jouait l'homme ou la femme, fatiguaient ; quand les laboureurs, les chasseurs, les ménagères sentaient la sueur couler de leur front, quand le soleil dardait des rayons de feu sur la lande, on se réfugiait sous un énorme rocher gris taché de blanc, tapissé de mousse verte et de bruyère. Sous cette voûte sombre on ne voyait plus rien, on n'entendait plus que le vent dans le coin de la forêt qui touchait la lande au nord, et, le vent produisant un murmure puissant et doux qui ressemblait au bruit des vagues sur les grèves, on se fût cru à cinquante pas de la mer. Quand l'ombre descendait sur la lande, on escaladait les flancs du rocher protecteur, et, de la plate-forme qui le minait, on embrassait un immense horizon. Joseph et Laurence aimaient surtout à faire cette ascension avec la petite Claire Beautier, une petite fille blonde, toute rêveuse et toute distraite, qui n'avait aucun des goûts de sa famille.

— Regardez, regardez les montagnes, comme elles sont bleues ! disait Claire en joignant ses petites mains avec extase.

Joseph et Laurence regardaient les montagnes, l'océan de feuilles, les champs jaunissants ; et ils admiraient à l'envi et en détail cette riche nature au milieu de laquelle ils vivaient et dont ils sentaient instinctivement les beautés.

Pendant ce temps, Titine, couchée dans la mousse, y cherchait patiemment des insectes. Les petits Beautier se poussaient pour se faire rouler. Lucie, perchée comme une corneille sur la partie la plus avancée du roc, s'amusait à jeter des cris perçants et sauvages en agitant les bras et la tête, et l'on voyait s'envoler effrayés les oiseaux qui en passant s'étaient attardés sur la lande. C'était là un des plaisirs favoris de Lucie, elle imitait avec une rare perfection le croassement des corbeaux, le cri rauque du geai, les tristes hou-hou de la chouette. M. Jérôme l'appelait elle-même le plus vilain oiseau de la nichée Beautier.

Quand le chaud été était venu, quand le soleil de juillet mûrissait les moissons, on prenait de préférence les sentiers qui côtoyaient les fossés ombreux, on marchait entre les herbes et les fines tiges de seigle à l'épi barbelé. On s'asseyait sur les lisières des champs, et il n'y avait plus d'horizon. Les arbres et les ronces entrelacées et feuillues formaient un épais rideau autour d'eux. Çà et là, au-dessus des épis, apparaissait la tête ronde d'un pommier éclairé par le soleil. La conversation et les jeux se continuaient, et il y en avait qui se taisaient pour écouter le bourdonnement des insectes dans l'air, le cri des oiseaux dans les branches. Claire Beautier écoutait toujours, et, si on n'eût vu sortir de l'herbe sa petite tête d'un blond cendré, on ne se fût pas le plus souvent aperçu de sa présence.

On revenait de ces courses les mains pleines de fleurs.

Les digitales montr nt partout sur les fossés de Bretagne leurs tiges velues, leurs fleurs violettes. Dans cette
saison, tout fleurit, jusqu'au chardon. Le chardon épi-
neux si dédaigné porte à son extrémité une touffe
moelleuse d'un violet clair, et les ronces flottantes elles-
mêmes se parent de fleurs rosées. Ce n'était que par
permissions rares et spéciales que Laurence partageait
ce que Mme Dartel appelait un vagabondage, et on ne se
voyait tous les jours qu'une fois le blé dressé en tas sur
l'aire du Chêne. Les enfants, à l'insu de M. Jérôme, y
passaient alors toutes les journées. Laurence était
chez elle, et ces jours-là sa mère la dispensait de tout
travail.

Chacun là s'amusait à sa manière. Laurence et Titine,
en bonnes petites ménagères, allaient et venaient, suivies
par l'agneau blanc, semant aux oiseaux les grains
oubliés, s'occupant beaucoup d'une famille qui leur appartenait de moitié et qui arrivait à elles en se culbutant,
en se frayant un passage à travers la paille. La mère, une
jolie poule à la queue en éventail, au plumage noir, à
reflets verts, à la tête fine, surmontée d'une crête courte
et dentelée qui semblait une couronne taillée dans du
corail ; les petits tout blancs ou tout noirs, courant folle-
ment sur leurs pattes jaunes, n'ayant encore pour tout
vêtement qu'un chaud et moelleux duvet.

La petite Claire Beautier, enfoncée dans un tas de paille, au soleil ou à l'ombre, y restait paresseusement couchée, son œil bleu levé vers le ciel bleu.

Lucie et Joseph menaient une vie plus active. Il fallait les voir grimper sur les meubles de blé en s'accrochant aux gerbes. Lucie, rouge, échevelée, lourde, était fort disgracieuse à voir dans ce genre d'exercice qui lui convenait désormais si peu ; mais Joseph, se dressant tête nue sur la montagne jaune et se dessinant en pied sur le ciel moiré rayé de blanc, était charmant à regarder. D'abord il se courbait pour soulever la gerbe, et puis il cambrait sa taille svelte et s'approchait du bord de la meule avec son fardeau. Sa chemise entr'ouverte laissait voir sa blanche poitrine, ses longs cheveux flottaient sur son cou que rien ne pouvait brunir, et son pied fin et nu s'appuyait fortement sur le terrain mouvant. Mme Dartel le disait, il était joli à peindre.

Au Chêne, on s'occupait beaucoup des enfants et on se demandait assez souvent s'il n'était pas temps d'intervenir en ce qui regardait leur éducation. Mais leur tuteur était un si drôle de corps, qu'on ne savait comment traiter ce sujet important. Cependant on ne pouvait manquer de reconnaître qu'ils étaient par trop négligés sous ce rapport. Ils étaient censés l'un et l'autre suivre la double école de Prévalon ; mais on savait qu'entraînés par les Beautier, ils faisaient, quatre jours sur six, l'école buissonnière. Quand Laurence était des promenades, on jouait parfois à l'étude, un jeu tout comme un autre. Sur la poussière du chemin, les doigts traçaient des lettres, des chiffres et des figures que le vent et le pied des troupeaux se chargeaient d'effacer, mais le jeu ne servait qu'à faire ressortir l'ignorance de Joseph et de Valentine.

M. Dartel, s'autorisant de sa qualité de subrogé tuteur, se décida enfin à aborder cette question délicate. Il allait conduire son fils au collége de la ville voisine et il aurait voulu y mener Joseph. Là, il trouverait des correspondants et on pourrait lui faire des visites hebdomadaires. Il parla de son projet avec tous les ménagements possibles, il fit valoir la solide instruction et les excellents principes que recevaient les élèves dans cet établissement. Il ajouta qu'une fois Joseph au collége, Valentine suivrait plus régulièrement l'école des sœurs, et que, ainsi que sa propre fille, elle pourrait rester à Prévalon jusqu'au moment d'être envoyée dans la pension où les jeunes Prévalonnaises allaient parachever leur éducation.

L'avare écouta, répondit par quelques mots équivoques et un assez mauvais sourire, et finit par dire qu'il n'avait pas attendu les bons avis de son cousin Dartel pour s'occuper de ses pupilles, et qu'avant peu on en aurait la preuve.

Huit jours plus tard, Catherine, tout en larmes, venait porter au Chêne la nouvelle suivante : Joseph était envoyé à huit lieues de là à un pauvre collége où il n'y avait guère que des enfants au-dessous de sa classe, et Valentine allait partir pour une pension du même genre établie dans la ville voisine.

Louis Dartel était furieux, Mme Boisselet et Laurence tout attristées. L'éloignement de ces enfants leur causait une peine réelle. L'enfant est oublieux de sa nature, et, arrachés si jeunes à leur famille et aux amis de leurs parents, Joseph et Valentine ne se considéreraient-ils pas plus tard comme des étrangers à Prévalon ?

Après avoir consolé la désolée Catherine, avec sa bonté ordinaire Laurence lui dit :

— Au moins vous quitterez cette maison et son affreux maître, et ce ne sera pas un chagrin pour vous, ma pauvre fille.

Catherine hocha la tête.

— Je reste, dit-elle.

— Vous restez? Ah! mon Dieu, et pour quel motif?

— Parce que Monsieur m'a déclaré que les enfants ne metteraient plus le pied à Prévalon jusqu'à leur émancipation, si je partais. Qu'il ne s'en embarrasserait pas pendant les vacances, qu'il ne les ferait pas revenir si je n'étais pas là pour m'en occuper, et qu'il ne les laisserait pas aller ailleurs. Et plutôt que de ne plus les voir du tout, j'aime mieux pâtir une partie de l'année. Les congés me dédommageront ; et puis, j'aurai tenu la promesse que j'ai faite à Madame.

Elle quitta Laurence, sur ces paroles ; le départ étant fixé pour le lendemain, elle n'avait pas de temps à perdre.

Le lendemain, en effet, Joseph et Valentine se séparèrent le cœur bien gros, et partirent pour leur destination respective ; Catherine se trouva seule dans cette triste et sombre maison où son dévouement la clouait.

FIN DE LA PREMIÈRE PARTIE

DEUXIÈME PARTIE

I

— Holà ! monsieur Jérôme, holà ! hé !

Un jeune garçon, vêtu d'une blouse de coton bleu passée, d'une culotte de toile, coiffé d'un chapeau ciré, ayant sur le dos un sac de cuir, à la main un bon gourdin, qu'il agitait élégamment en marchant, jetait cet appel au bout d'une des rues de Prévalon.

Celui auquel il l'adressait n'y prêtait aucune attention. Dans la ruelle, traversée par un large rayon de soleil, on voyait marcher, une canne sous le bras, un petit vieillard crasseux, voûté, pauvrement vêtu.

— Ah ! il ne veut pas entendre, murmura le facteur, car c'en était un. Azor, ici ! sstt, sstt, sstt !

Et il montrait du doigt M. Jérôme.

Le roquet, ainsi interpellé, hérissa son poil et courut se jeter en aboyant dans les jambes du vieillard. Celui-ci fit un saut de côté et lui asséna un coup de canne; puis, se détournant, il montra une figure rusée, effilée, encadrée dans une affreuse perruque roussâtre, la figure de M. Jérôme Villeandré, plus vieille de dix ans et portant désormais écrit dans chacune de ses rides que la passion qui dominait dans cette âme était arrivée à son plus haut degré de puissance. L'avarice avait si bien apposé son stigmate sur ce visage rétréci que, sans connaître Jérôme Villeandré, on s'écriait en le voyant: Quelle figure d'avare!

En apercevant le facteur qui se dirigeait vers lui, il croisa les mains sur le pommeau de sa canne et l'attendit.

Le jeune homme avait lestement tourné son sac de cuir et y avait plongé la main.

— Six sous, monsieur, dit-il en lui tendant une lettre.

Les mains de l'avare qui s'étaient disjointes se rabattirent sur sa canne.

— Vous savez bien que je ne reçois pas les lettres qui ne sont pas affranchies, Laurent, dit-il; sans cette prudente mesure, je recevrais trop de lettres inutiles.

— Alors, monsieur, vous ne la voulez pas? dit Laurent.

— Non ; cependant faites voir.

Il prit la lettre que le facteur lui tendait, regarda l'adresse, la tourna, la retourna pour lire les noms des villes et des bureaux de poste par où elle avait passé, la palpa et la rendit.

— Je vois ce que c'est, dit-il, c'est une épître de mon étourdi de neveu. Qu'elle lui soit renvoyée, cela lui apprendra à ne pas jeter sans timbre ses lettres à la poste. Vous comprenez, Laurent, c'est une leçon que je veux lui donner.

— Et six sous que vous voulez garder, vieux pince-maille, murmura Laurent en le regardant s'éloigner. Ah ! si Catherine savait ! Bon, la voilà qui revient du four, je vais lui parler.

Et sifflant son chien, qui, se sentant sur le cœur le coup de canne du vieillard, le poursuivait en jappant, mais sans l'approcher de trop près, il tourna à droite et remonta la place vaste et irrégulière autour de laquelle s'élevaient dans le plus complet désordre les maisons principales du bourg de Prévalon.

Un groupe de femmes descendait cette place. Elles portaient toutes une espèce de ruche en paille tressée. Leur figure, leurs mains, leurs vêtements, étaient saupoudrés de farine, ce qui blanchissait les plus noires. Au milieu d'elles se faisait remarquer une femme d'âge mûr, d'une figure ouverte et honnête, qui parlait à ses compagnes avec un certain air d'autorité. A sa toilette soignée, à sa tournure respectable, on l'eût prise au moins pour la servante du curé. Ce fut vers elle que se dirigea Laurent le facteur.

— Catherine, une lettre de M. Joseph, dit-il en élevant en l'air la missive refusée.

Catherine joignit ses deux mains enfarinées, et sa figure brune s'éclaira sous le plus radieux sourire.

— Est-ce bien sûr de lui, Laurent? dit-elle.

— Je connais bien son écriture, allez ; et puis n'y a-t-il pas Gourin autour de ce cachet?

— Ah! s'il y a Gourin, c'est du pauvre enfant. Donnez, que je la porte à monsieur.

— Monsieur n'aime pas les lettres non-affranchies, remarqua Laurent d'un ton goguenard, et pour celle-ci il faudra payer six sous.

Catherine plongea vivement la main dans sa poche, en retira plusieurs pièces de monnaie, et, les mettant dans la main du facteur :

— Monsieur recevra les lettres de son neveu affranchies ou pas, dit-elle fièrement.

— Oui-da, il m'a pourtant refusé celle-ci.

Catherine parut décontenancée ; les commères qui l'entouraient échangèrent un méchant regard.

— C'est qu'il n'avait pas de monnaie, reprit-elle en baissant la voix. C'est une manie qu'a monsieur de ne pas vouloir emprunter, ne fût-ce que deux sous, à un voisin.

On en crut ce que l'on voulut, mais sur ce raisonnement on se dispersa. Laurent reprit sa course périodique ; les femmes s'éloignèrent, et Catherine, pressant le pas, passa devant la gendarmerie en échangeant un bonjour avec la femme du brigadier, qui cousait au soleil, et gagna la maison de M. Villeandré. En longeant le mur mal crépi, elle leva les yeux sur une fenêtre du rez-de-chaussée. A travers les vitres, voici ce qu'elle vit : son maître, debout devant le fourneau allumé, retirait avec des pincettes les morceaux de charbon incandescents et les plongeait dans un baquet placé près de lui. En ce moment il en tenait un mal éteint, et il crachait dessus, l'eau étant épuisée. Catherine leva les épaules et entra en fermant durement la porte derrière elle. Ce bruit annonçait son arrivée. Les pincettes échappèrent aux mains du vieillard, qui, dans sa précipitation, prit entre ses doigts le morceau de charbon qui roulait brûlant sur les dalles, et le lança dans le baquet en jetant un cri sourd, il s'était brûlé.

— Là, c'est bien fait, dit Catherine d'un air furieux, ne pouvez-vous laisser mon fourneau tranquille ! Êtes-vous plus riche à présent que vous avez à moitié éteint mon feu ? Seigneur Jésus, a-t-on jamais vu manies pareilles aux vôtres ! A présent que vous vous êtes épuisé à cracher sur mes tisons, vous allez tousser comme un chat enroué toute l'après-midi ; non, jamais pareille chose ne s'est vue.

Elle s'arrêta, soupira et reprit :

— Quand vous serez remis et que vous aurez fini d'avaler toute ma cendre, vous lirez ce mot de billet que vous écrit Joseph.

— Hein ! quoi ! demanda l'oncle en arrêtant sur la missive ses yeux clignotant rougis par sa quinte de toux, de quoi se mêle Laurent? J'ai déjà refusé cette lettre.

— C'est donc vrai ! Allez cela m'a encore fait honte assez. Il est venu me jeter ça au nez devant toutes nos voisines ; on va encore en dire de belles sur votre compte, je pense. Mais aussi, refuser une lettre de ce pauvre enfant !

— Et vous eussiez dû la refuser, Catherine, elle n'est pas affranchie.

— Eh bien ! elle l'est à cette heure, puisque j'ai payé six sous. Allongez votre figure, si cela vous plaît ; mais lisez la lettre de mon petit Joseph.

Le port était payé, il n'y avait plus à y revenir ; l'avare ouvrit la lettre et lut entre ses dents, mais assez haut pour que Catherine entendît.

« Mon cher oncle,

« Je vous ai écrit il y a un mois la date fixée pour la distribution des prix. J'espérais vous y voir. J'ai été couronné plusieurs fois : j'ai eu le premier prix de version latine, le deuxième prix de discours français, le premier accessit d'excellence. Je pense donc que, satisfait de mes succès, vous m'enverrez chercher le plus tôt possible. Tous mes camarades s'en vont, et le collége vide est bien triste. Si vous ne pouvez me faire chercher, écrivez seulement au principal. Une fois libre, je saurai bien trouver le chemin de Prévalon.

« A bientôt, mon cher oncle ; mille compliments à ma bonne Catherine.

« Votre neveu affectionné,

« JOSEPH. »

Catherine avait écouté religieusement. A la mention des prix remportés, elle avait fait un geste admiratif ; quand l'étudiant avait parlé de la tristesse du collége, elle avait soupiré ; quand son nom fut prononcé, elle essuya du revers de son torchon les larmes qui lui venaient aux yeux.

Pendant cette dernière opération, M. Villeandré, qui n'avait rien éprouvé du tout, plia la lettre, la mit dans l'enveloppe, puis dans sa poche, et, prenant sa canne, il se dirigea vers la porte.

Sur le seuil, Catherine, qui, revenue de son émotion, s'était élancée vers lui, l'arrêta, et, lui barrant le passage en se plaçant devant lui dans le corridor :

— Monsieur, dit-elle, est-ce pour vous occuper de faire chercher notre petit Joseph que vous sortez ?

— Joseph est bien là où il est, répondit le vieillard avec un petit rire sec.

— Comment, monsieur, cette année encore vous auriez le cœur de le laisser passer ses vacances dans ce collége où il est comme un prisonnier, à ce qu'il m'a dit ?

— Je vous dis qu'il y restera bien jusqu'au moment où je saurai qu'en faire ; je ne pourrais pas le loger.

— La petite mansarde verte est vide, il y a un lit monté, et vous savez bien que mes gages, c'est de voir les enfants de temps en temps.

— Et que voulez-vous que je fasse d'un garçon de cet âge, qui ne ferait que des sottises, peut-être ?

— Jésus ! lui, des sottises ! il n'en a jamais fait,

monsieur ! C'est le portrait de son père, doux comme un agneau, et facile à mener, quand on ne le brusque pas trop.

— C'est possible, mais rien ne dégrade une maison comme les enfants, je n'en veux pas.

— Un enfant ! au prochain pardon de Notre-Dame de Pitié il aura dix-huit ans, monsieur ; et, quant à dégrader la maison, je ne pense pas qu'il s'amuse à arracher les ardoises ou à percer les murs. Le reste, ma foi, se dégrade de lui-même, vu que jamais on ne répare rien ici.

— A vous entendre, Catherine, il faudrait toujours des ouvriers. Dieu merci, ils m'ont mangé assez d'argent la dernière fois qu'ils sont venus. De mon vivant, ils ne viendront pas me gruger.

— La dernière fois qu'ils sont venus ! répéta Catherine, c'était l'année de la mort de ma maîtresse. Comptez, monsieur. Mais ce n'est pas cela qui nous occupe, reprit-elle vivement en voyant son maître faire un pas vers la porte extérieure. Ce sont les dernières vacances de Joseph, puisqu'il a fini ses classes, il faut qu'il les passe ici, monsieur. C'est une indignité de laisser votre neveu dans cette triste maison quand tous les autres retournent dans leur famille. Tout le monde vous jette assez la pierre comme ça, faut pas non plus être si dur envers ce pauvre enfant, et, puisque vous ne voulez pas qu'il aille au Chêne, prenez-le chez vous.

— Sa pension est payée dans son collége, Catherine ; il y restera. Que diable, je serai maître de mon pupille, je pense ; il n'a que faire à Prévalon, il n'y viendra pas.

Catherine devint pâle. Elle dénoua d'une main agitée le lacet qui attachait son torchon autour de sa taille, et, l'arrachant, elle le jeta sur la rampe de l'escalier. Rachel, en arrachant la couronne de son front dans son rôle de Monime, n'avait pas eu le geste plus tragique.

— Sortez maintenant, monsieur, dit-elle en se croisant les bras par un geste décisif ; mais revenez vite, car nous avons nos comptes à régler. J'ai servi longtemps chez vous, j'ai reçu bien des sottises pour ce vilain défaut d'avarice qui vous ronge, et je suis lassée. C'était l'idée des enfants qui me soutenait ; mais, puisque vous leur fermez votre porte, j'irai manger ailleurs mon petit bien et travailler ailleurs.

M. Villeandré, tout stupéfait, regardait la véhémente Catherine. Son air était si résolu, qu'il eut peur. Elle ne lui coûtait pas cher, elle travaillait comme un nègre, elle se ployait assez docilement à ses manies d'avare, elle était l'ordre et l'économie en personne, et ne se révoltait que par boutades.

— Allons, mauvaise tête, dit-il, quelle mouche vous pique ? S'il vous faut absolument Joseph, on l'aura.

— Merci, monsieur. Allez-vous partir pour le chercher.

— Oh! non, je ne me donnerai pas cette peine-là ; diable ! comme vous y allez. Je vais écrire un mot au principal, cela sera bien suffisant.

— Et moi, dit Catherine en prenant son torchon, je vais pendant ce temps jeter un coup d'œil dans la mansarde verte, qui n'a pas vu le soleil depuis bientôt un an.

Ils montèrent, l'un suivant l'autre, l'escalier vermoulu, M. Villeandré s'arrêta au premier étage. Catherine continua jusqu'au second, et, ouvrant une porte, se trouva dans un petit appartement sombre et laid, dont les murs étaient revêtus d'une tapisserie verte en lambeaux. Elle alla tout d'abord à la fenêtre, l'ouvrit et poussa les volets fermés. L'air, presque méphitique de la petite chambre se trouva remplacé par un air pur tout chargé des senteurs champêtres. Catherine jeta un coup d'œil autour d'elle et se mit à passer machinalement son torchon sur les meubles, c'est-à-dire sur un bois de lit d'une forme extra-antique, sur un bureau boiteux veuf de ses tiroirs, sur une chaise dépaillée, sur un bahut aux angles écornés. Cela fait, elle descendit et remonta traînant péniblement deux matelas qu'elle jeta sur le sommier peu élastique. Puis elle retourna chercher un autre chargement. Vingt minutes plus tard, le lit était fait, de petits rideaux à carreaux rouges et blancs étaient appendus aux fenêtres, et une chaise solide posait vis-à-vis de sa débile sœur. La mansarde, ainsi meublée, lui parut bien, mais pas assez ornée. Avec la plus grande simplicité elle attacha contre la muraille, à l'aide d'épingles, deux images coloriées, achetées tout récemment au pillawer : l'une représentait le pardon de Sainte-Anne-d'Auray, c'était le sujet sacré ; l'autre Henriette et Damon, c'était le sujet profane ; mais que, grâce au lieu de la scène qui se passe dans le parloir d'un couvent, Catherine croyait tout aussi sacré. Comme ces deux pages bariolées couvraient les deux plus grandes déchirures de la tapisserie et les trous de la muraille, et que Catherine les trouvait fort belles en elle-même, elle pensa que Joseph ne pourrait manquer de reconnaître que sa mansarde s'était vraiment transformée en un lieu de délices et sortit satisfaite. Elle s'arrêta sur le palier du premier étage, ouvrit une porte sur laquelle le mot étude était écrit en gros caractères et entra. Cette vaste pièce, blanchie à la chaux, était le *sanctum sanctorum* du vieux notaire. Tous les mercredis il se remplissait de clients, car s'il était détesté pour son avarice qui le rendait dur au pauvre monde, il était regardé comme le plus habile homme d'affaires du pays.

Assis devant son vieux bureau en bois de chêne, en face d'une haute bibliothèque dont les larges rayons pliaient sous le poids de leurs paperasses jaunies, il écrivait.

Catherine s'assit humblement sur un des bancs de bois qui couraient le long des murs.

— Aurez-vous bientôt fini, monsieur? demanda-t-elle après dix minutes d'attente.

Le vieillard leva la tête et la regarda.

— Bon! fit-il avec un haussement d'épaules, j'avais oublié.

Et, prenant une feuille de papier, il écrivit rapidement quelques lignes, plia le papier, et, se retournant sur son fauteuil de paille :

— Voilà, fit-il en tendant la lettre à Catherine. Laurent ne doit pas être parti.

Catherine ne décroisa pas ses bras.

— Vous n'y pensez pas, monsieur, dit-elle ; à quoi sert d'envoyer la lettre à Joseph ?

— Mais cette lettre est pour le principal. Joseph, une fois libre, saura bien trouver, il le dit lui-même, le chemin de Prévalon.

— A pied, monsieur ?

— Pourquoi pas ? à son âge, une étape de quelques lieues ne fait pas peur.

— C'est fort ! monsieur, c'est fort ! Pourquoi ne pas aller vous-même dans votre voiture !

— Dans ma voiture ! répéta M. Villeandré, sûrement vous devenez folle, ma pauvre Catherine ; demain il y aurait pour vingt francs de réparation à y faire. Non, non, de pareils chemins ne sont pas faits pour les voitures.

— Alors, monsieur, je vais vous proposer un autre moyen : envoyez-lui tout simplement Mignonne.

— Par la poste ? ricana M. Villeandré.

— Eh non ! la pauvre bête a deux bonnes paires de jambes, Dieu merci ! surtout depuis qu'elle est mise au vert. Joseph serait enchanté de revenir à cheval, et, s'il faut le dire, je lui avais promis qu'un jour ou l'autre vous lui enverriez Mignonne. Les enfants, ça aime à cavalcader.

— Reste à savoir si les cavalcades seraient du goût de Mignonne. Votre projet, Catherine, présente d'ailleurs d'autres inconvénients. La dépense serait énorme ; vous ne savez pas à quel point les aubergistes écorchent pour la nourriture des chevaux, et encore Dieu sait ce qu'ils rognent de la pitance qu'on a payée. Ensuite il me faudrait prendre un journalier, on ne pourrait envoyer Mignonne seule avec le lieu de sa destination écrit sur sa selle. Or, je ne veux pas de cela, il faudrait à cet homme deux ou trois repas et le prix de sa journée.

— Eh bien, j'irai moi-même, dit Catherine emportée par son zèle.

— Et vous ramènerez Joseph en croupe, n'est-ce pas ? et à vous deux vous crèverez ma jument, merci.

— Pourquoi alors ne pas envoyer Kolaz?

Kolaz était un pauvre, venu on ne savait trop d'où, et qui pour un morceau de pain menait la jument du notaire à l'abreuvoir et sarclait le jardin.

Cette nouvelle motion ne parut pas trop déplaire au vieillard.

— Hum ! dit-il, l'idée ne serait pas mauvaise si Kolaz ne voulait pas surmener Mignonne, et s'il ne fallait pas lui donner de quoi manger là-bas.

— Je mettrai un peu d'avoine dans la valise, monsieur, et d'ailleurs, s'il le faut, M. Joseph paiera les frais du voyage. Dieu merci, il n'est pas au pain.

— Voilà la parole la plus sensée que vous avez dite, Catherine ; il est certain que je ne m'amuserai pas à faire voyager mon neveu à mes frais.

Et voyant poindre sur la figure de la vieille servante

une expression à laquelle le rusé vieillard ne se trompait pas, il ajouta bien vite :

— Appelez Kolaz !

Catherine disparut et revint suivie par Kolaz.

C'était un garçonnet de petite taille, mais vif et alerte, une vraie figure de gamin, pleine d'audace et même d'effronterie. Sa tenue n'annonçait pas que celui qui l'employait à son service se donnât la peine de s'en occuper. Il avait ramassé quelque part un vieux chapeau de paille, il en avait arraché les bords usés, et cette calotte tailladée couvrait ses cheveux noirs et crépus. Une veste en lambeaux, un pantalon qui s'effilait par le bas, complétait son accoutrement.

— Ecoute-moi bien, mauvais sujet, dit le vieillard ; je te confie mon cheval, et tu vas aller le conduire à mon neveu. Mais, si je m'aperçois qu'il a été surmené, tu auras affaire à moi, ne l'oublie pas. Il faudra que tu reviennes à pied, six petites lieues ne t'effraient pas ?

— Non, dit résolûment Kolaz.

— Et puis, ajouta le facétieux bonhomme en jetant un coup d'œil sur les jambes fines et sur les pieds nus et nerveux de l'enfant, tu n'useras pas la semelle de tes souliers.

Catherine, jugeant que c'était assez parlé, prit la lettre adressée au principal et emmena Kolaz.

Pendant qu'il mangeait un morceau, elle alla dans
l'écurie. Mignonne y rêvait devant son râtelier vide.
C'était une affreuse jument alezan brûlé, au poil long,
aux pieds plats, mal nourrie, mal soignée, et d'un âge
évidemment avancé. Catherine jeta une selle antique
sur ses flancs maigres, la brida et l'emmena dans la
cour. Kolaz sauta dessus sans se servir de l'étrier et
disparut à moitié derrière d'énormes fontes qui lui montaient jusqu'à la poitrine. Puis, saisissant la bride, il
jeta un coup d'œil sournois vers les fenêtres, en levant
à demi sa main droite, armée d'une cravache. Elle ne
retomba pas, car il avait aperçu derrière une vitre
l'œil défiant du maître, et il partit au pas, l'hypocrite.

II

On peut le penser, une fois Kolaz hors de vue, il
prit une allure plus rapide, car à midi sonnant il frap-

pait à l'établissement dans lequel le neveu de son maitre venait de finir ses humanités.

Mignonne, hors d'haleine, à bout de forces, se délassait sur la litière d'une auberge voisine.

Le portier trouva à Kolaz une mine suspecte et refusa de l'annoncer. Il avait imaginé de demander Joseph de la part du petit Nicolas, de Prévalon.

Alors Kolaz donna la lettre et s'assit pour attendre sur un des bancs de l'espèce de cour fermée et couverte qui servait d'antichambre à la loge du portier. Il demeurait là le nez au vent, l'oreille au guet, l'œil en mouvement, quand sa figure devint toute souriante ; il ôta sa calotte et bondit en avant en criant de cette voix claire dont il aimait à faire retentir les échos de Prévalon.

— Bonjour, monsieur Joseph !

Le fils de Valentine arrivait, en effet, et ceux qui avaient connu sa mère l'auraient reconnu entre mille. On retrouvait en lui le type pur de l'élève du petit séminaire, avec ses longs cheveux, ses habits râpés, son air timide, et, en y ajoutant quelques années en plus, celui du kloarec breton avant son entrée au grand séminaire. Du reste, il était grand et bien proportionné, malgré sa maigreur vraiment excessive ; il avait de beaux traits, sur lesquels était répandue une expression d'ingénuité et de douceur peu commune. Dans ce corps d'homme il y avait encore une âme d'enfant.

— Comment! c'est toi, Kolaz, dit-il, je me demandais de quel petit polisson le portier voulait me parler.

— Ah! il a dit ça, murmura l'enfant en jetant vers la loge un coup d'œil menaçant.

— Oui, mais il ne te connaissait pas. Pourquoi mon oncle t'a-t-il envoyé?

— Vous chercher, monsieur, répondit fièrement Kolaz, je suis venu à cheval.

Joseph sauta de joie.

— Je dois cela à ma bonne Catherine, dit-il. Mignonne marche-t-elle bien?

— On la fait marcher, monsieur.

— Oui, mais mon oncle?

— Votre oncle est à Prévalon, n'est-ce pas? En arrivant, vous la mettrez au pas.

En ce moment le portier revint et dit à Joseph que le supérieur l'attendait.

— A bientôt! dit le jeune homme.

Et il laissa Kolaz, qui se rassit et remit sa calotte de paille sous le nez du portier.

L'absence de Joseph ne fut pas longue; il reparut bientôt une valise sous le bras. Un prêtre aux cheveux gris l'accompagnait, il lui parlait affectueusement, et le jeune homme écoutait avec respect. A la porte, ils se séparèrent. Dans l'émotion des adieux, Joseph oublia Kolaz. Après avoir fait quelques pas sur la grande route, il s'en souvint et se détourna. L'enfant arrivait courant à toutes jambes, et à la porte apparaissait la figure maussade du portier, en ce moment rouge de colère. Kolaz, qui ne lui pardonnait pas de l'avoir appelé polisson, s'était glissé dans sa loge, et, avisant sur une table une grande boîte à casiers renfermant mille petits objets que le portier vendait aux élèves, il l'avait méchamment renversée sens dessus dessous : médailles plumes, crayons, tombèrent pêle-mêle. Ce beau coup fait, il se sauva, poursuivi par le portier qui d'un corridor voisin l'avait vu sortir de sa loge avec une figure qui ne présageait rien de bon.

Ils gagnèrent rapidement l'auberge où Kolaz était descendu. Joseph paya ce qui était dû et se fit préparer la jument. Kolaz était parti en disant avec un petit air niaisement moqueur :

— J'espère, monsieur, que vous me rattrapperez avant que j'arrive à Prévalon.

Joseph éprouva un sentiment mélangé d'orgueil et de joie en sautant en selle. Il avait gardé de son enfance passée à la campagne un grand amour pour les chevaux, et il n'était pas fâché de parader à cheval le long de cette rue par laquelle on l'avait tant de fois vu passer pour aller en promenade. Ce n'était pas qu'il fût précisément gracieux sur Mignonne. Les étriers trop courts pour lui faisaient remonter trop haut ses genoux anguleux, et la roideur de sa taille était extrême. Il tenait la bride haute pour forcer Mignonne à lever la tête, et s'avançait gravement la talonnant ou lui lançant en dessous un coup de cravache pour la faire trotter. Mais Mignonne était fort têtue. Quand le talon lui entrait dans le ventre, quand la cravache lui mordait les jambes, elle sautait, levait la queue, et puis reprenait sa marche mesurée. Peu de personnes jouirent du spectacle de la marche triomphale de Joseph. Un cordonnier mit le nez à la porte de son échoppe, une jeune ouvrière se pencha pour le regarder, un chien aboya sur lui, deux jeunes filles parurent sur un balcon et laissèrent tomber jusqu'à lui quelque chose de perlé, de vibrant, qui ressemblait fort à un éclat de rire, ce fut tout.

Une fois hors de la ville, sa tenue se modifia, il se mit à l'aise sur sa selle et caressa Mignonne d'une main si vigoureuse qu'elle prit le trot. Cela ne dura pas longtemps, et, à bout de forces et aussi saisi de pitié, il la laissait reprendre sa marche nonchalante quand il aperçut devant lui, assis sur un des bancs de pierre de la route, Kolaz, qui, les mains dans les poches et le sourire aux lèvres, le regardait venir. En s’approchant, Joseph vit que le sang coulait de l’un de ses pieds. Il s’arrêta pour lui demander ce qu’il avait.

— Ce n’est rien, répondit l’enfant, j’ai marché sur une pierre pointue et je me suis écorché, voilà tout.

Il se leva et se remit en marche, il boitait.

Joseph s’arrêta de nouveau.

— Cela me fait de la peine de te voir marcher ainsi, mon pauvre Kolaz, dit-il, mais le moyen de te soulager?

— Il y en a un, monsieur, dit finement l’enfant.

— Lequel?

— Dame, faites-moi monter derrière vous.

— Oui, mais mon oncle?

— Je descendrai avant d’arriver; et vraiment, monsieur Joseph, Mignonne nous portera bien tous les deux. Vous n’êtes pas gros, et à la Saint-Jean dernière, quand je me suis pesé chez Pierre, vous savez, le meunier de Chantepie, je ne pesais, ma foi, que quatre-vingts livres.

— Allons, viens! dit Joseph convaincu par cet argument.

Il avait à peine prononcé ces mots, que Kolaz était derrière lui. Quiconque aurait aperçu sa tête ébouriffée

et ses yeux chinois si éveillés derrière l'épaule du blond
Joseph, aurait pensé que celui-ci ramenait à Prévalon
un singe de la plus grosse espèce.

— La bête ne marche pas du tout, dit l'enfant en
repoussant des reins la valise de Joseph pour s'y ap-
puyer commodément le dos, passez-moi votre cravache,
monsieur, je connais les endroits sensibles, et nous
sommes si légers.

— Tiens ! dit Joseph sans se détourner, mais vas-y
doucement, Kolaz, et ne la frappe pas traîtreusement,
entends-tu ?

— Soyez tranquille, dit l'enfant.

Il prit la cravache de la main gauche, et, ôtant du
revers de sa veste une grosse et longue épingle, il
glissa la main droite sous la selle et fit cingler la cravache.

Mignonne bondit et s'élança en avant.

— Là, voyez-vous, dit le malicieux garçon, il ne s'a-
git que de trouver le bon endroit.

Grâce à ce stimulant d'une nouvelle espèce, Mignonne fit des prodiges et continua vaillamment de
trotter. Cela n'empêcha pas la conversation d'aller son
train. Il y avait deux ans que Joseph n'était allé à Prévalon, son oncle ne lui écrivait jamais, et il était avide
de nouvelles. Personne ne pouvait le renseigner mieux

que Kolaz. Par sa vie vagabonde, rien ne lui était inconnu à Prévalon, car il se glissait partout. Il parla à
Joseph de tout ce qui pouvait l'intéresser, il lui dressa
une sorte d'état-civil: noces, enterrements, baptêmes,
furent racontés en détail.

— Allez, vous serez le bien arrivé au pays, monsieur
Joseph, disait-il; on ne vous a pas oublié, ni vos parents non plus. C'est au Chêne surtout qu'on vous attend avec impatience. Mamz'elle Laurence demandait
l'autre jour de vos nouvelles à votre oncle; elle disait
cela si gracieusement, qu'il n'a pas pu s'empêcher de
lui répondre. Elle est fièrement grande à présent, et
bonne! Quand je passe par le Chêne, elle a toujours
quelque chose à me donner.

— Et au château, demanda Joseph, que se passe-
t-il?

— Rien de nouveau, monsieur. La comtesse n'y a
pas mis les pieds depuis le jour où M. le comte y est
arrivé dans une belle voiture noire. Je n'avais jamais vu
de mort en voiture, et c'était bien joli, allez! Les chevaux eux-mêmes avaient de grands manteaux, ils étaient,
ma foi, mieux habillés que beaucoup de chrétiens. Celui qu'on appelait M. Charles était là, aussi, avec sa
croix et son bel uniforme d'officier. Je ne l'ai pas
revu depuis non plus, celui-là, et il y en a qui disent

qu'il s'est fait prêtre. Cela n'est pas possible, n'est-ce pas?

— C'est très-possible, Kolaz.

— Comment, monsieur, il chanterait la messe avec sa grande barbe noire ! s'écria Kolaz scandalisé.

— Il la couperait, petit sot.

— C'est égal, je voudrais bien voir en soutane celui que j'ai vu avec un sabre et des éperons, pour le croire.

— Tu le verras peut-être, car cette nouvelle est très-vraie. Mon oncle Dartel me l'a écrit ; son congé fini, M. Charles est entré au séminaire. Maintenant, parlons des Beautier.

— Oh ! les Beautier, dit Kolaz en faisant claquer ses doigts, ils sont toujours aussi drôles. La grosse Lucie est la même, criarde comme un geai et méchante comme un loup. L'année dernière on avait volé des abricots de leur jardin : — Je parie que c'est le petit Kolaz qui a fait ce beau coup, dit-elle. Elle chanta tant cela par le bourg, que M. le recteur entendit ces vilains mensonges, et que sans Mlle Claire il m'aurait renvoyé du catéchisme Oh ! elle m'écorcherait vif si elle pouvait.

— Pourquoi cela ?

— Parce qu'elle est jalouse.

— De qui ?

— De mamz'elle Laurence ; mais aussi je lui joue des tours... Tenez, je vais vous en raconter un. Elles voulaient toutes les deux un bouvreuil pour mettre en cage, et elles me l'avaient dit. Je connaissais un nid, et un beau jour j'attrappai le mâle, un oiseau superbe. Je le mis dans le fond de mon chapeau et je courus au Chêne. Mamz'elle Lucie y était. Elle voulut me le prendre. Mais j'étais résolu de le donner à mamz'elle Laurence, et à son nez je lui donnai. Elle était furieuse et ne m'a jamais pardonné. J'en attrappai un second que je lui portai ; elle nous renvoya moi et mon oiseau. Ma foi j'allai le vendre en ville, un enfant me l'acheta dix sous ; cela me consola. Ce jour-là j'étais en chance, devinez qui je trouvai sur mon chemin ?

— Est-ce que je puis deviner cela, mon pauvre Kolaz ?

— Dame ! en cherchant bien. Une jolie petite demoiselle de deux ans plus âgée que moi, que vous aimez beaucoup, monsieur Joseph.

— Claire Beautier ?

— Non, elle ne quitte pas son père ; on les rencontre souvent dans la forêt, et Mme Beautier prétend que c'est une idiote, comme lui, ce qui n'est pas vrai. Cherchez encore.

— Ma sœur ?

— Justement. Le bouvreuil livré, je m'étais rendu sur le pont ; j'aime toujours l'eau et les bateaux. Je voudrais voir la mer, et si Pierre, du petit Douez, revient de son grand voyage, j'aurai l'âge d'être mousse, et il m'emmènera. J'étais là attendant Nicaut, le voiturier, qui m'avait promis une petite place dans sa charrette, et grignottant un morceau de pain qu'on m'avait donné par charité quand j'entendis une voix qui me disait : « Bonjour Kolaz. » Derrière moi passaient de petites demoiselles rangées deux à deux, comme dans les noces de la ville, et je reconnus tout de suite mamz'elle Valentine. Elle parlait à une religieuse, et elle me fit signe d'approcher. C'était pour me donner une pièce de dix sous, avec son petit air gracieux.

En ce moment Mignonne tournait le chemin, et Joseph saluait la croix élevée au carrefour. Kolaz ôta sa calotte.

Elle est belle, dit-il en regardant la croix ; mais elle ne vaut pas celle qui est plantée dans la grande lande de la Brûlerie.

— Ah ! on a mis une croix à la Brûlerie ? dit Joseph. Quand nous allions y jouer, enfants, nous disions souvent que, si l'on voulait en planter une là, on la verrait de bien loin.

— Et vous en mettiez de deux pieds de long, en attendant la grande, monsieur Joseph. Je me rappelle très-bien cela, et je vous trouvais bien adroit. Une croix, cela n'est pas bien difficile à faire ; mais sur les vôtres il y avait tous les instruments de la passion, et en plus une lanterne et un coq, tout comme à la vieille croix du bourg.

Ainsi leur conversation s'alimentait de tout ce qui se voyait sur la route. Grâce à la longue épingle de Kolaz, qui continuait de fonctionner secrètement, Mignonne ne traînait pas trop ses sabots sur la poussière du chemin, et ils n'arrivèrent pas tard à Prévalon. Il y avait déjà longtemps que Joseph avait aperçu son clocher gris, et son cœur en avait bondi de joie dans sa poitrine. Après Valentine, Laurence, Claire Beautier, sa tante Dartel et Catherine, c'était ce qu'il aimait le plus au monde, que ce beau clocher dont il avait tout enfant admiré les curieuses sculptures, et qui avait été là comme une sentinelle géante posée auprès de son berceau. Dans un chemin creux voisin du bourg, Kolaz étendit la main vers un assez drôle de bâtiment qui n'était ni ferme, ni maison, ni château, mais qui participait de tout cela. Le corps principal, couvert en chaume, était flanqué de deux pavillons, dont l'un montrait encore sa charpente.

— Voilà la fameuse bâtisse de M. Beautier, dit-il en pouffant de rire.

— Mais il ne loge pas là, Kolaz, cela n'est pas fini?

— Ils y logent tous, et il le faut bien, puisque l'autre maison est vendue. Mme Beautier a fait le diable, mais il a fallu qu'elle y allât. Le pauvre sot! il avait bien besoin de quitter sa vieille maison solide pour cette baraque où le vent entre comme dans une grange. Mme Beautier vous dira qu'elle est enrhumée depuis qu'elle a suivi là son vieux fou de mari. Mais il est temps que je descende, ajouta l'enfant en sautant lestement à terre. Que dirait M. Jérôme en me voyant perché sur la croupe de Mignonne? A bientôt, monsieur Joseph. Je vais faire un tour chez le caporal, on ne me verra pas avant une grande heure ; il faut bien laisser croire que vous m'avez laissé derrière vous.

Il grimpa sur un fossé et disparut, laissant Joseph faire seul son entrée dans le bourg. Il fut accueilli par les hourras des enfants qui prenaient leurs ébats sur la place. A toutes les portes parurent des visages dont l'expression riante lui souhaitait la bienvenue. Arrivé auprès de la maison de son oncle, il sauta dans les bras de Catherine, qui l'attendait le cœur palpitant, et souhaita le bonjour à son oncle, debout sur le seuil de la porte, mais sans l'embrasser. Il ne serait venu à l'idée de personne d'embrasser cette figure revêche et glacée qui n'exprimait jamais quelque chose qui ressemblât à un sentiment d'affection.

— Comme te voilà devenu grand, mon petit Joseph, s'exclama ensuite Catherine en le mesurant de l'œil; regardez donc, monsieur, quel homme ça fait !

— La mauvaise herbe croît toujours, grommela gracieusement l'avare en allant à Mignonne qui restait la tête basse, immobile, sur ses quatre pieds qu'on aurait dits fichés en terre, attendant patiemment qu'on voulût bien la conduire à son écurie.

Il passa la main sur ses côtes saillantes, humides de sueur, hocha la tête, et, examinant ses fers usés :

— Voilà une bête qui a été rudement menée, dit-il; elle est mouillée, et un de ses fers est presque détaché. Menez-là à l'écurie, Catherine, puisque ce mauvais garnement de Kolaz n'est pas arrivé, et étrillez-la bien. Je ne vous dis pas de lui donner à manger encore, entendez-le bien, je vous dis de l'étriller.

Catherine, suivie par Joseph, alla s'occuper de Mignonne. M. Jérôme monta dans son cabinet, ouvrit un grand registre vert :

Une journée de cheval.   .   .   2 fr. » » c.

Un homme de journée.   .   .   »   75

Un fer à remettre .   .   .   .   »   50

Une heure plus tard, en voyant arrriver le petit Kolaz,
pieds nus ; on n'aurait pas supposé que c'était là
l'homme de journée mentionné par le tuteur. C'était bien
lui, pourtant, et il se présenta devant M. Jérôme avec un
tel air de lassitude, avec une démarche si traînante, que
Catherine, qui savait à quoi s'en tenir ; ne put le regarder
ce jour-là sans éclater de rire.

FIN DU PREMIER VOLUME

ABBEVILLE — IMPRIMERIE DE P. BRIEZ

LIBRAIRIE D'AMBROISE BRAY, ÉDITEUR

Rue Cassette, 20, a Paris, ci-devant rue des Saints-Pères, 66.

OUVRAGES DE Mme BOURDON (Mme FROMENT)

Une Parente pauvre, 1 vol. in-18 angl. . **fr. 2 »»**

Léontine, histoire d'une jeune femme, 2e édition, 1 vol.
in-18 angl. . . . . **fr. 2 »»**

L'auteur signale aux jeunes personnes et aux jeunes femmes les dangers auxquels elles sont exposées dans le monde. De ses récits pleins d'intérêts ressort cette vérité que toute union pour être heureuse doit avoir la religion pour base.

Le droit d'Aînesse. 3e édition, 1 beau vol. in-18
anglais. . . . . **fr. 2 »»**

« ... Ce livre est le complément de la *Vie réelle*. L'héroïne est une jeune fille qui sacrifie son avenir, sa vie entière à l'éducation de frères orphelins et aux soins d'un père infirme. C'est donc le dévouement dans sa plus admirable expression. Tout est conçu avec une profonde connaissance du cœur humain : tout est raconté avec un style qui tient le lecteur toujours palpitant sous l'intérêt... »

(P. S. Vert, extrait du Journal de Rennes.)

Souvenirs d'une Institutrice. 5e édition, 1 vol.
in-18 angl. . . . . **fr. 2 »»**

C'est encore ici la *Vie réelle*, la Vie d'une classe intéressante de la société aux prises avec les difficultés d'une profession délicate et pénible ; c'est une autre forme de dévouement inspiré par la religion.

« Il n'y a que des éloges à accorder aux *Souvenirs d'une Institutrice*. Je n'hésite pas à les placer à côté de la *Vie réelle*. C'est le chef-d'œuvre du genre. Eug. de Margerie.

La Vie réelle, 12e éd. 1 beau vol. in-18 angl. fr. 2 »»

Ce livre charmant est parvenu à la dixième édition en moins de cinq ans.

Les Béatitudes ou la science du bonheur,
5e édition, 1 beau vol. in-18 anglais. . . . . . fr. 1 50

« ... Diverses de ton et de couleur, ces huit nouvelles sont fortes par l'enseignement, attrayantes par la forme. Le style facile, simple, élégant, est bien le style de la *Nouvelle*.

(Extrait du Messager de la Charité.)

La Charité, *Légendes.* 2e édition, 1 beau vol. in-18
anglais . . . . fr. 1 50

Parmi les Œuvres inspirées par la Charité, il en existe sept appelées les *Œuvres de miséricorde* ; c'est à les mettre en action que l'auteur des *Béatitudes* a consacré les ressources de son admirable talent.

OUVRAGES DE M. B. BOUNIOL

La France héroïque (de Tolbiac à Isly). Vies et Récits dramatiques d'après les chroniques et les documents contemporains. 3 vol. in-18 angl. . . . . fr. 8 »»

L'auteur offre ici les plus belles pages de notre histoire recueillies dans les mémoires et les auteurs originaux; peu de livres présentent un aussi vif intérêt.

Les Combats de la vie :

1re Série. — *Cœur de bronze.* 2e édit. 1 vol. in-12. fr. 2 »»
2e Série. — *La famille du vieux célibataire.*
    1 vol. in-12. . . . . fr. 2 »»
3e Série. — *Les épreuves d'une mère.* 1 vol. in-12. fr. 2 »»
4e Série. — *Les deux héritages.* 1 vol. in-12. . fr. 2 »»

Les Combats de la Vie offrent des récits dramatiques, émouvants, d'où ressortent les leçons les plus salutaires, les plus propres à inspirer le courage et la résignation dans les situations et les circonstances les plus difficiles de la vie.

M. de Pontmartin a fait l'éloge des *Combats de la Vie* dans le journal l'*Union.*

A l'ombre du Drapeau, épisodes de la vie militaire, 2e édition, 1 vol. in-12 . . . . fr. 2 »»

OUVRAGES DE M. DAURIGNAC

Histoire de saint François de Borgia, duc de Gandie, 3e général de la Compagnie de Jésus. 1 beau vol in-18 anglais . . . . fr. 3 50

Histoire de saint François Régis, apôtre du Velay et du Vivarais, 1 beau vol. in-18 angl. fr. 3 50

Histoire de saint François d'Assise, 1 vol. in-18 anglais . . . . fr. 3 »»

Blanche de Castille, mère de saint Louis et de sainte Isabelle. 1 vol. in-18 anglais . . . . fr. 3 »»

Histoire de saint Ignace de Loyola, 2 beaux vol. in-18 angl. avec portrait et *fac-simile* . . fr. 6 »»
— Vie abrégée. 1 fort vol. in-12. . . . . fr. 2 50

Histoire de saint François-Xavier, 2e édit. 2 beaux volumes in-18 anglais, avec portrait et *fac-simile*. . . . . fr. 6 »»
— Vie abrégée. 1 fort vol. in-12. . . . . fr. 2 50

Sainte Jeanne de Chantal, modèle de la jeune
fille et de la jeune femme. 2ᵉ édition. 1 beau volume
in-18 anglais. . . . . fr. 3 »»

Ces vies très-complètes offrent une lecture aussi attrayante que
solide. C'est le jugement qu'en portent NN. SS. les Evêques d'Arras
et de Beauvais, dans leurs approbations.

**Sentiment de Napoléon Iᵉʳ sur le Christia-
nisme,** d'après les témoignages recueillis par M. DE
BEAUTERNE. Nouvelle édition refondue, augmentée de documents nouveaux et d'un appendice sur les *Héros chrétiens de l'Empire,* par M***. 1 vol. in-18. . . . fr. » 80

— Le même ouvrage, 1 beau vol. in-12. . . . . fr. 1 50

Ce livre, qui renferme une démonstration si originale de la vérité
du catholicisme, est plus que jamais de nature à piquer l'attention
des hommes sérieux. On lira surtout avec intérêt ce que l'Empereur
pensait de la Papauté, de son rôle et de son indépendance.
Le *Bibliographie catholique* a fait un grand éloge de ce livre.

Florence Raymond, par Mˡˡᵉ J. GOURAUD, nouvelle
édition. 1 beau vol. in-18 anglais. . . . . . . fr. 2 »»

Des tableaux pleins de fraîcheur, des scènes touchantes, des détails
qui attestent une imagination riche et riante, prêtent à ce livre un
intérêt plein de charme.

Cœurs dévoués (les), par M. Alfred DES ESSARTS 2ᵉ
édit. revue et augmentée. 1 beau vol. in-18 angl. fr. 2 »»

Tout est intéressant dans ces simples narrations, qui font plus
d'une fois venir les larmes aux yeux, car ce livre fait vibrer les
cordes sensibles du cœur, et s'adresse aux plus généreux sentiments
de la nature humaine.... *(Bibliog. Catholique.)*

Voyage au pays des Bêtes, scènes familières d'histoire naturelle, par M. DOURY. 2 beaux vol. in 12. fr. 6 »»

« Cet ouvrage instructif et amusant présente une série de tableaux
d'histoire naturelle très-heureusement enclavés dans un récit plein
de vérité et d'intérêt, qu'on lira avec plaisir à tout âge. »
(Bulletin de la Société de saint Vincent de Paul.)

**Promenade au milieu des Plantes et des
Fleurs,** ou petites *Scènes du règne végétal,* par M. l'abbé
DUBOIS. 1 beau vol. in-12. . . . . fr. 3 »»

L'auteur, dans de gracieux tableaux, vrais modèles de style, sait
parler à l'esprit et au cœur par d'heureux rapprochements entre la
nature végétale et la nature humaine.

Abbeville. — Imprimerie P. Briez

LIBRAIRIE D'AMBROISE BRAY

RUE CASSETTE, 20, A PARIS

UNE PARENTE PAUVRE, par Mme Bourdon. — Souvenirs d'une institutrice, le Dé... les Béatitudes, la Charité. 1 beau vol. 1

Une parente pauvre est un de ces livres pleins de sève chrétienne et de charmes littéraires dont l'auteur a le secret. Avec elle on comprend mieux le but de la vie, la nécessité et le prix du sacrifice dans toutes les situations où nous place la Providence.

UN PHILOSOPHE (1789-1794), par M. Marius de Livonnière, auteur de *Petits et grands*, un beau vol. in-12 . . . . 2 50

LES POÈTES LAURÉATS DE L'ACADÉMIE FRANÇAISE, recueil de poèmes couronnés depuis 1800, avec une introduction (1671-1800), et des notices biographiques et littéraires par Edmond Biré et Emile Grimaud. 2 forts vol. in-12 . . . . 7 »

« Cet ouvrage, a dit un écrivain distingué, M. Eugène de la Gournerie, sous le rapport de l'érudition, de la sûreté et de la modération des jugements, comme de la variété et de l'intérêt, ne laisse rien à désirer. Il est un des ouvrages de littérature des plus importants qui aient été publiés depuis longtemps. »

ÉTUDES LITTÉRAIRES, par M. Eugène de Margerie. 1 fort vol. in-12 . . . . 3 »

UN ÉPISODE DE LA TERREUR. — Barthélemy B. de la Roche, par M. le comte A. de Ségur, auteur de *Témoignages et Souvenirs, des Martyrs de Castelfidardo*, etc., 1 vol. in-18 » 50

LES SIX CHEVAUX DU CORBILLARD, souvenirs d'un clerc d'avoué, par M. Eugène de Margerie, auteur des *Scènes de la Vie chrétienne, Contes d'un promeneur*, etc., 1 beau vol. in-12 . . . . 2 50

VOYAGE AU PAYS DES BÊTES, scènes familières d'histoire naturelle par M. Doury. 2 beaux vol. in-12 . . . . . 6 »

PROMENADE AU MILIEU DES PLANTES et des fleurs, ou petites Scènes du règne végétal, pittoresques, amusantes et morales, par M. l'abbé Dubois. 1 beau vol. in-12 . . . 3 »

VIE DU R. P. CATHARY, s. j. missionnaire de Madagascar, mort en odeur de sainteté en 1863, par M. Dagnignot. 1 fort vol. in-12 . . . . 3 50

DU MÊME AUTEUR :

Les histoires de saint François-Xavier, saint Ignace de Loyola, sainte Chantal, Blanche de Castille, saint François d'Assise, saint François de Régis, saint François de Borgia.

Ces vies, très-complètes, écrites d'une manière dramatique, offrent une lecture aussi attrayante que solide. Elles sont approuvées, recommandées par NN. SS. les évêques d'Arras et de Beauvais.

ABBEVILLE — IMP. P. BRIEZ